HEYNE <

Das Buch

»Das Universum hält ein nicht enden wollendes Füllhorn an Gaben für uns bereit. Wir müssen nur darauf achten, dass wir uns auf der richtigen Wellenlänge befinden, um die Schwingungen zu empfangen. Und was immer Sie gehört haben, nicht Denken, sondern Danken hilft Ihnen hier weiter. Wenn wir die Welt aus dem Blickwinkel der Dankbarkeit betrachten, wenn wir unsere Aufmerksamkeit auf die Schönheit in allen Dingen richten und uns auf all die wunderbaren Möglichkeiten konzentrieren, die sich uns bieten, dann verändern wir unsere tägliche Wahrnehmung grundlegend. Das 30-Tage-Experiment in diesem Buch lädt Sie dazu ein, es selbst auszuprobieren.« *Pam Grout*

Die Autorin

Pam Grout ist Autorin zahlreicher Bücher und hat den internationalen Bestseller *E² – Wie Ihre Gedanken die Welt verändern* veröffentlicht. Darüber hinaus hat sie Drehbücher und zahlreiche Artikel verfasst und ist als Reisejournalistin weltweit auf Entdeckungsreise gegangen. Sie lebt mit ihrer Tochter in Lawrence, Kansas.

Pam Grout

Sei dankbar & werde reich

Wie Sie Erfolg und Fülle magisch anziehen

Aus dem amerikanischen Englisch
von Angelika Hansen

WILHELM HEYNE VERLAG
MÜNCHEN

Die amerikanische Originalausgabe erschien 2016
unter dem Titel *Thank & Grow Rich*.

1. Auflage
Taschenbucherstausgabe 09/2019

Covergestaltung: Geviert, Grafik & Typografie, basierend auf dem
Coverdesign der Originalausgabe von Amy Rose Grigoriou
Satz: Uhl+Massopust, Aalen
Druck und Bindung: GGP Media GmbH, Pößneck
ISBN 978-3-453-70372-8

www.heyne.de

Dieses Buch ist für alle,
die die Hundepfeife hören.
Sie wissen, wer Sie sind.

Inhalt

»Es ist ein Zeichen von Kleingeistigkeit, beim Thema Dankbarkeit Mäßigung walten zu lassen.«

– Roberto Benigni, Schauspieler, Drehbuchautor und Regisseur

Einleitung

»Das Leben ist eine Eintrittskarte für die größte Show der Welt«

– Martin H. Fischer, Arzt und Autor

2013 wurde mein Leben plötzlich total auf den Kopf gestellt! Und zwar auf die denkbar positivste Weise. Nach mehr als 20 Jahren meines Daseins als Schreiberling, in denen ich im Schlafanzug am Schreibtisch sitzend 15 Bücher und zahllose Zeitschriftenartikel verfasst habe, stellte ich die Weichen für *E²*, diesem kleinen schwarzen Buch mit dem lustigen Titel, das auf Anhieb durch die Decke in die Stratosphäre schoss und wochenlang Platz eins auf der *New York Times*-Bestsellerliste einnahm. Inzwischen ist es in mehr als 30 Sprachen übersetzt worden.

Bis zum heutigen Tag kann ich meine Mailbox nicht öffnen, ohne E-Mails von Lesern zu finden, die mehr oder weniger alle so beginnen: »Sie werden nicht glauben, was mir passiert ist!« Es ist, als würde ich jeden Morgen in meinem persönlichen Lebenshilfe-Fernsehkanal aufwachen. »Stellen Sie sich vor«, schreiben Leser zum Beispiel, »ich habe gerade 500 Dollar gewonnen«, oder »Ich habe gerade meinen Traumjob auf einer Pferdefarm ergattert«. Und ich darf hier in Lawrence, Kansas, mit ihnen feiern und zu ihrer Freude und Begeisterung beitragen.

Es stimmt mich zutiefst demütig, mir vorzustellen, dass meine Worte vielleicht jemandem geholfen haben, eine tiefere Wahrheit zu erkennen. Ich bin unglaublich dankbar, dass die Do-It-Yourself-Experimente in E^2 ein Fenster geöffnet haben, durch das die unendliche Freigiebigkeit des Universums sichtbar wird.

Sollte tatsächlich irgendein ernsthafter Wissenschaftler nach einem Beweis suchen, dass die Welt grenzenlos, reich und auf wunderbare Weise entgegenkommend ist, – eines der neun spirituellen Prinzipien, die in E^2 beschrieben werden – habe ich dafür einen ganzen Ordner voller Laborberichte vorliegen, die ich liebend gerne zur Verfügung stelle.

Gelegentlich bekomme ich jedoch auch E-Mails von Lesern, die sauer sind. Sie wollen wissen, wer ich denn sei, zu behaupten, die Welt sei ein wunderbarer Ort. Sie sagen, dass sie noch keinen Beweis für das gesehen haben, was ich das Feld des Potenzials (FP) nenne, und dass ihnen – den Armen! – nichts anderes übrig bleibt, als weiterhin am Hungertuch zu nagen.

Dieses Buch ist für sie. Und für dieses verängstigte kleine Etwas in uns allen, das immer noch nicht glauben kann, dass das Universum uns tatsächlich schätzt und uns unterstützt.

Wann immer ich kann, schreibe ich diesen unglücklichen Schwarzmalern zurück. Häufig schicke ich ihnen einen Blog-Post über meine Tage, als ich selbst am Hungertuch nagte. Ich ermutige sie, es noch einmal zu versuchen, weiterhin die Augen offen zu halten für das Magische.

Bald fiel mir auf, dass diese »Warum ich?«-Briefe ein übereinstimmendes Muster aufwiesen. Wie ich schon sagte, sie hörten sich nicht viel anders an als meine eigenen verrückten Stimmen, diese struppigen Großmäuler, die sich noch gelegentlich in meinem Hinterkopf zu Wort melden und rumkrakeelen.

»Hey du da!«, brüllen sie dann. »Du bist so was von allein. Die Welt kümmert sich einen feuchten Pups um dich.«

Diese Stimmen sind omnipräsent. Wir hören sie in den abendlichen Nachrichten ebenso wie beim Tratschen in der Teeküche. Sie sind, mit anderen Worten, das vorherrschende Denkmuster.

Doch sie sind nicht die Wahrheit. Sie werden nie die Wahrheit sein.

Bei diesen Briefen ist mir noch eine weitere Sache aufgefallen, und zwar wie *angestrengt* diese Leser ihrem Glück hinterherjagen – sie wiederholen endlos Affirmationen, stellen Vision-Boards zusammen, zeichnen Fokusräder.

Ich habe nichts gegen diese Methoden – ich habe einige davon selbst angewendet. Doch wenn wir uns ständig über Gebühr anstrengen, weil wir denken, es ändert sich nichts, wenn *wir* uns nicht ändern, blockieren wir all das Gute, das sich direkt vor unseren Augen manifestieren möchte.

Und schließlich fiel mir noch etwas auf bei diesen »Das Leben ist besch…eiden«-E-Mails: nämlich wie todernst sie alle waren. Oh! Diese Schwere! Diese Ernsthaftigkeit!

»Ich habe alles genauso gemacht, wie Sie gesagt haben«, beschuldigten sie mich mit einem Anflug finsterer Wut.

Und jedes Mal hätte ich am liebsten eine Grimasse gezogen oder einen dummen Witz erzählt. Alles, um sie zum Lachen zu bringen – *macht euch locker, Leute!* Es geht darum, Spaß zu haben! Mit Vergnügen im Quanten-Sandkasten zu spielen!

Doch todernste Menschen anzuschreien, funktioniert nie. Bei den todernsten Stimmen in meinem eigenen Kopf klappt das zumindest nicht.

Aber ich sage Ihnen, was funktioniert: Nachsicht mit mir selbst zu üben. Mir der guten Dinge in meinem Leben bewusst zu werden. Und mich auf die Frequenz von Freude und Dankbarkeit einzustimmen.

Der Fernmeldeturm, auch bekannt als »Sie selbst«

»Ich kann nicht einfach hier rumsitzen und in meiner eigenen Freude aufgehen – ich muss darüber schreiben, ich muss sie mit andern teilen.«

– David Mason, Dichter

Wer kennt nicht die spannungsgeladene Szene in *Eine Frage der Ehre*, in der Tom Cruise Jack Nicholson in den Zeugenstand ruft? Cruise bedrängt Nicholson, will wissen, ob er die Alarmstufe Rot befohlen hat oder nicht.

Nicholson, der zusehends röter und wütender wird, brüllt schließlich: »Sie können die Wahrheit doch gar nicht ertragen!«

Und das ist, kurz gesagt, die tatsächliche Antwort auf all diese E-Mails von Leuten, die wissen wollen, warum die ganzen tollen Sachen immer nur den anderen passieren.

Solange wir uns nicht auf die Frequenz der Dankbarkeit einstimmen, ist unsere Verbindung mit der übergeordneten Wahrheit blockiert. Unsere Antenne kann die ewige, grenzenlose Liebe der göttlichen Ausstrahlung nicht empfangen, die ständig Hoffnung, Freude, Freiheit sendet. Wir haben die Leitung dicht gemacht, indem wir unseren inneren Ängsten, unseren Befürchtungen, unseren zeitraubenden Melodramen die Bühne überlassen. Wie Aschenputtels Stiefschwestern haben wir die endlosen Möglichkeiten des Lebens in unsere winzigen Schuhe überholter Vorurteile und antiquierter Denkmuster gepresst.

Also werden wir in diesem Buch die Antenne unseres Bewusstseins auf eine höhere Frequenz ausrichten. Durch vergnügliche und unkomplizierte Übungen, für die Sie höchstens fünf Minuten am Tag brauchen, werden Sie Ihr Gehirn neu

verdrahten, alte Gewohnheiten durch neue ersetzen und buchstäblich die Chemie in Ihrem Kopf verändern.
Und das ist der Moment, in dem das Thema Dankbarkeit ins Spiel kommt.

Ode an die Freude

»Wenn dein Kopf nicht voll mit unnötigen Dingen wäre, könnte heute der beste Tag deines Lebens sein.«

– Teil einer Nachricht, die THE ZING, alias ETHAN HUGHES von der *Possibility Alliance,* auf meinem Anrufbeantworter hinterlassen hat.

Dankbarkeit?
Echt jetzt?
Ist das nicht – naja, irgendwie lahm?
Sie haben gerade zwei Kraftpakete von Büchern über Energie und grenzenlose Möglichkeiten geschrieben. Und jetzt geben Sie sich her, über so was Lasches wie Dankbarkeit zu schreiben? Da machen Sie es sich ja wirklich einfach, das gibt doch nichts her, das ist doch so aufregend wie eine Tiefkühlpizza …
Moment mal, Smarty. Die Dankbarkeit, über die ich in diesem Buch spreche, ist alles andere als gewöhnlich oder langweilig. Nennen wir sie lieber gnadenlose Dankbarkeit, radikale Dankbarkeit. Das ist kein verzärtelter Sonnenschein-und Blümchen-Mist.
Denn das ist der springende Punkt: Wenn wir nicht jeden Tag einen Moment innehalten und uns die Millionen Dinge klarmachen, die in unserem Leben perfekt funktionieren, versuchen die verrückten Stimmen in unserem Kopf, uns niederzumachen.

Wenn wir nicht militant dankbar sind, fangen die Stimmen an zu labern und machen uns weis, dass *wir* nutzlose Versager sind. Sie sind wie der Nachrichtenticker, der nonstop unten am Bildschirmrand läuft.

So lange wir diese Stimmen zu Wort kommen lassen, können wir das ungeheure Geschenk nicht bewusst erfassen, das uns gegeben wurde: Hier auf dem Planeten Erde zu sein, diesen Tag zu erleben, dieses kosmische Abenteuer zu genießen. Solange wir zulassen, dass sich ihre unverschämten Lügen immer tiefer und tiefer in unsere Seele hineinfressen, werden wir unserer tief gehenden, transformativen Verbindung mit dem Feld des Potenzials nicht bewusst.

Indem wir einfach jeden Tag kurz innehalten und unserer Verbindung mit dieser unleugbaren, unveränderlichen Präsenz gewahr werden, erkennen wir allmählich eine tiefere Wahrheit, eine Realität voller Freude. Dann hören wir allmählich diese ewige Sendung, die unbeirrt ihre heitere Melodie jenseits der Störgeräusche aussendet.

Nicht dass ich Napoleon Hill, Autor des Lebenshilfe-Klassikers *Denke nach und werde reich*, auf dessen Titel ich mit meinem Buch anspiele, zu nahe treten will, doch die wahre Macht liegt darin, *nicht* zu denken. Wenn Sie die unglückseligen Gewohnheiten Ihres Gehirns, sich ständig die Vergangenheit vor Augen zu halten und ein entsprechendes Hologramm zu erzeugen, durch etwas anderes ersetzen wollen, *vergessen* Sie das Denken. Und fangen Sie an zu danken. Und ich meine, allem und jedem zu danken. Den Rechnungen, die sich anhäufen. Der Nachricht des Arztes, die Sie nicht erwartet haben. Dem Blödmann von Freund, der letzte Nacht eine ganze Flasche Tequila getrunken und auf Ihren neuen Perserteppich gelacht hat.

Wenn wir diese Form radikaler Dankbarkeit praktizieren – die ich *Extremsport der Dankbarkeit* nenne – kommen wir zu der Erkenntnis, dass alle unsere Anstrengungen, der endlose Kampf, das unaufhörliche Drängeln und Schubsen, damit wir unseren Platz in der Schlange nicht verlieren, unnötig sind. Tatsächlich ist dieses Verhalten kontraproduktiv und blockiert vielmehr das Energiefeld, das uns jederzeit bereit steht, um uns zu unterstützen und zu führen.

Unverschämte Dankbarkeit bietet ein Portal, einen direkten Zugang mitten ins Feld des Potenzials, das ich in meinen beiden anderen Büchern (*E²*, *E²+*) vorgestellt habe. Diese Art der Dankbarkeit bringt Sie auf eine energetische Frequenz, eine Schwingungsebene, die Wunder anzieht.

Wenn Sie auf dieser Frequenz sind, müssen Sie nichts weiter tun. Das Universum meldet sich mit Geschenken und Anweisungen, und alles, was Sie tun müssen, ist zu nicken, sich elegant den Schal umzulegen, die neue Sonnenbrille aufzusetzen und die Fahrt zu genießen.

Dankbarkeit zu zeigen und all die guten Dinge in Ihrem Leben zu schätzen, ist die Einstiegsdroge zu einem höchst ungewöhnlichen Leben. Sie ist die Supermacht, die Sie auf die Frequenz hebt, auf der Schönheit und Freude und Kreativität regieren.

Und das ist das große »Geheimnis« dahinter. Sie müssen nicht daran arbeiten, um die Verbindung mit diesem Energiefeld herzustellen. Sie müssen nicht gut genug sein, um seine Aufmerksamkeit zu verdienen. Oder irgendeiner Geheimformel folgen, um es zu finden. Sie müssen tatsächlich überhaupt nichts tun …

Außer …

… nicht mehr länger auf die Stimmen zu hören. Keine Störgeräusche mehr zuzulassen.

Diese süße, liebevolle, allwissende Energie ist jetzt, in diesem Moment, hier. Sie wartet wie ein Stier auf der anderen Seite des Rodeo-Gatters, bereit, genau in der Sekunde loszustürmen, in der Sie die Barrieren all dessen aufheben, was man Sie gelehrt hat. Sie scharrt mit den Hufen, fiebert vor Ungeduld und wartet darauf, dass Sie so ungefähr alles, was Sie seit dem Moment gelernt haben, als Sie zum ersten Mal in die Welt der Materie blinzelten, als komplett falsch erkennen.

Diese universale Energie verschwindet nie oder spielt Verstecken mit uns. Sie kommt nie ins Wanken. Sie tut nie etwas anderes als zu lieben und Gaben zu verteilen.

Dieses Buch ist eine weitere Chance (doch bitte denken Sie daran, dass Sie weder dieses Buch, noch irgendetwas oder irgendjemanden dafür *brauchen*), um zu beweisen, dass es einen besseren Weg gibt, eine natürlichere Weise zu leben. Es wird Ihnen helfen, eine Frequenz anzuzapfen, auf der Wunder so alltäglich sind wie Kaffee zum Frühstück.

Wie in meinen vorausgegangenen Büchern, die Echtzeit-Experimente anbieten, finden Sie auch hier einen 30-Tage-Trip in unverfrorener, furchtloser und radikaler Dankbarkeit. Wie ich schon immer gesagt habe: Spiritualität sollte mehr sein als bloße Theorie.

Die Hypothese für das 30-Tage-Experiment[1] ist wahnsinnig einfach. Sobald Sie sich daran machen, Ihren Segnungen auf die Spur zu kommen, werden Sie in Nullkommanichts fündig. Wenn Sie jeden Tag in eine 24-stündige Wunder-Aufklärungsmission verwandeln, rufen Sie damit die Wahrheit auf den Plan. Ein Happy End ist demzufolge unvermeidbar!

Das Buch enthält zudem 27 speziell entwickelte Partyspiele (wer braucht schon Übungen?), die leicht sind, Spaß machen und Ihnen garantiert helfen werden, Ihr »Portfolio der Fülle« aufzubauen. (Ich werde mich in späteren Kapiteln mehr über die fünf Komponenten dieses erstklassigen Anlagemodells auslassen.)

---

1 So setzen sich die 30 Tage zusammen: 1 Tag um sich Gedanken über die vier Geschenke (siehe Kapitel 6) zu machen, 1 Tag für Ihren ersten *Sei dankbar und werde reich*-Einkommensbericht, je 1 Tag für die 27 Übungen und 1 Tag für den abschließenden Einkommensbericht.

Nur damit Sie es wissen: In dem Moment, wenn Sie mit der einen Monat langen Dankbarkeits-Party fertig sind, die auf den folgenden Seiten beschrieben wird, werden Sie sich das Paralleluniversum anschauen, in das Sie hineingeraten sind, und denken: *Wirklich? Wo ist meine Depression geblieben? Meine Angst? Ich muss total verrückt gewesen sein!*

Sie werden erkennen – wie *Ein Kurs in Wundern* es ausdrücken würde –, dass Liebe über Angst triumphiert, Lachen über Tränen und Fülle über Mangel.

Und alles fängt damit an, die Schönheit wahrzunehmen, die Sie umgibt, durchströmt und mit Licht erfüllt. Alles fängt damit an, sich auf die Frequenz der Dankbarkeit einzustimmen.

TEIL I

Mögen die Spiele beginnen!

»Schau, dass du Spaß hast,
denn mit einem Schlag bist du weg vom Fenster.«

– Jamie Foxx, Schauspieler

1. Frequenz

»Höre aufmerksam hin, und du kannst die Frequenz der Liebe wahrnehmen.«

– JAROD KINTZ, Autor von *This Book is not for Sale*

Vor ungefähr hundert Jahren erbrachte eines der bedeutendsten Genies der Welt (auch bekannt als Berti Einstein) den Beweis, dass »alles Energie ist«. Obwohl es den gegenteiligen Anschein hat, ist nichts stabil. Wenn Sie hinter die Kulissen blicken, sehen Sie, dass alle scheinbar stabilen, kontinuierlichen und dauerhaften Dinge letztlich aus nichts anderem als Wellen und Partikeln bestehen, die zittern und flattern und sich partout nicht wie das solide Bild verhalten, dass Sie zu sehen glauben.

Die gesamte Materie – sei es die Milchstraße, eine Tomate oder die Garageneinfahrt, auf welche der Sohn Ihrer Nachbarn mit Kreide bunte Drachen malt – ist ein Gemenge von Energiewellen, die sich als die Milchstraße, eine Tomate oder die Garageneinfahrt ausgeben.

Dieses Buch ist Energie. Ihre Hände, die das Buch halten (oder das elektronische Gerät), sind Energie. Alles, was Sie sehen, ist Energie. Selbst die Dinge, die Sie nicht sehen können, sind Energie, die sich nach Ihrem Befehl zu einer soliden Erscheinung formen.

Doch es ist nur das – eine Erscheinung. Ein Hologramm, das erstaunlich echt aussieht, weil Sie Ihre Sinne darauf trainiert haben, es auf diese Weise zu sehen.

Nach den Worten von Dr. Donald Hoffman, Professor für Kognitionsforschung an der University of California-Irvine, ist alles, was wir zu sehen glauben, eine Konstruktion des Gehirns, eine Wahrnehmungs-Schimäre, die die Komplexität der realen Welt verbirgt.

Die Eiche, die Sie vor Ihrem Fenster »sehen«, besteht hauptsächlich aus leerem Raum und umhersausenden, mikroskopisch kleinen Atomen. Doch indem Sie das Hologramm einer Eiche erstellen, kreieren Sie eine Schnittstelle, ein einfaches Werkzeug, das Ihnen hilft, Informationen zu steuern und genau das aus dem unermesslichen Feld der Möglichkeiten herauszuziehen, was Sie benötigen.

Unsere Gehirne sind äußerst begabte Fälscher, die einen bunten Teppich aus Bedeutung und Wahrnehmung weben – so detailliert und überzeugend, dass uns nie der Gedanke kommt, das Ganze zu hinterfragen. Die Welt, die Sie »sehen«, spiegelt Ihre vorherrschenden Ideen, Wünsche und Emotionen wider.

Schauen Sie sich diesen Absatz einmal genau an:

> <a href=»https://pamgrout.files.wordpress.com/2009/07/bara-zip.jpg«<>img src=»http://pamgrout.files.wordpress.com/2009/07/bara-zip.jpg?w=300« alt=»bara zip« width=»600 height=»500« class=»alignright size-medium wp-image-7350«/></a>

Macht eher wenig Sinn, oder? Es sei denn, Sie kennen sich mit HTML (Hypertext Markup Language) aus, die das zustande bringt, was wir auf unseren Computern und Handys sehen. Kopieren Sie diesen »Text« in Ihren Browser, dann sieht er ungefähr so aus:

Das bin ich, beim Seilrutschen in den Dschungeln der Dominikanischen Republik.

Und genau dasselbe passiert in unserem Gehirn. Wie ein Computer übersetzen wir unsere persönliche HTML (ein Bündel erlernter Gedanken) in Schwingungen und Bilder, die in unserem Hologramm auftauchen.
Anstatt uns durch die Kakophonie von Energiewellen zu kämpfen – die unzähligen Möglichkeiten da draußen im Universum – pflücken wir ein paar armselige heraus und bezeichnen sie als »Realität«.
Das FP, mein Spitzname für das Feld des Potenzials, funktioniert ähnlich wie die Cloud im Cyberspace, indem sie einen allen verfügbaren Pool unbegrenzter Ressourcen bietet. Wir wählen, welche wir downloaden und in unserer Erfahrung des Lebens »real« machen wollen.

Die meisten von uns downloaden einfach die gleichen Möglichkeiten aus der »FP-Cloud«, die gleichen Energiewellen wie unsere Eltern und unsere Mitmenschen. Was bedeutet, dass wir mehr oder weniger dasselbe Hologramm erstellen wie unsere Vorfahren. Manche von uns drücken dabei seit ihren Kindergartentagen immer wieder auf denselben Knopf.

Alles, was wir in der materiellen Welt sehen, beginnt als eine Energiewelle (auch bekannt als Gedanke), die sich irgendwann als ein stabil erscheinendes Objekt manifestiert. Als Steve Jobs und seine Ingenieure das iPhone erfanden, fing es mit einer Idee an, einem Gedanken, einer Energiewelle, die sich dank der ununterbrochenen Fokussierung darauf durch Jobs und seine Mitarbeiter in ein materielles Objekt verwandelte, das heute – wenn ich recht informiert bin – 700 Millionen von uns ständig mit sich herumtragen.

Und genau wie mein iPhone seine eigenen, einzigartigen Apps und Kontaktlisten hat, lädt jeder von uns ein bestimmtes Energiefeld, eine unverkennbare Frequenz herunter. In diesem Leben habe ich zum Beispiel einen hochgewachsenen weiblichen Körper heruntergeladen, der es liebt, zu schreiben und zu reisen und dazu neigt, beim Anblick einer riesigen Zuhörermenge nervös zu werden.

Diese Frequenz setzt sich bis ins Universum fort und sendet unsere Glaubenssätze und Erwartungen aus. Sie steuert unser Leben und strahlt eine Schwingung aus, die zu unsichtbaren elektromagnetischen Wellen wird, die Situationen und Menschen in unser Leben ziehen.

Ihre Schwingung erschafft Ihre subjektive Wahrnehmung der sich ständig verändernden Erscheinungen des Lebens und zieht die kommenden Ereignisse an. Sie können diese machtvolle Schwingung nutzen, um Probleme zu erkennen, zu analysieren und zu entschlüsseln. Oder Sie können sie für das Livestreaming des göttlichen Geistes benutzen.

Verstärken Sie Ihre Frequenz

»Werde glücklicher ... und du wirst auf diese unwiderstehlich friedliche Weise leuchten. Deine Freunde werden sehr froh sein, dich zu kennen. Jeder wird neben dir sitzen wollen. Und dir Geld geben, wenn du es für deine Projekte brauchst!«

– DAVID LYNCH, Filmemacher

Wenn Sie sich auf die Frequenz der Freude und Dankbarkeit einschwingen, die ich in diesem Buch beschreibe, strahlen Sie eine Energie aus, die Dinge und Menschen anzieht. Die richtigen Personen laufen Ihnen im richtigen Moment über den Weg. Wie durch ein Wunder erscheint plötzlich die Antwort auf eine schwierige Frage.

Und wenn sie den Unterschied auch nicht genau ausmachen können, spüren die Menschen, dass da etwas anders ist.

»Was ist bloß mit Joe los?«, sagen sie. »Er ist irgendwie anders. Seltsam ... Er ist – wie soll ich sagen – unverhältnismäßig glücklich.«

In der Gegenwart eines solchen Menschen zu sein, hebt automatisch Ihre Laune. Es liegt nicht so sehr daran, was derjenige sagt oder tut. Es ist einfach dieses magische Gefühl, das Sie spüren, wenn Sie sich in seiner Gesellschaft befinden.

Nehmen Sie zum Beispiel Bruder Lorenz, geboren als Nicolas Herman. Es ging ein solch leuchtendes Strahlen von diesem Karmeliter-Mönch aus, der im 17. Jahrhundert in der Küche eines Klosters in Paris arbeitete, dass es sich herumsprach und aus ganz Europa Menschen nach Paris kamen – entsprechend dem Motto »Ich möchte haben, was er hat« –, um ihm beim Kartoffelschälen zuzuschauen. Können Sie sich das vorstellen? Ein Typ, der irgendwelche alltäglichen Verrichtungen macht, die zu einem Zuschauersport werden. Das ist der göttliche Puls, der natürliche Zustand in Aktion! Einige der Bischöfe zu Bruder Lorenz' Zeit berichteten, dass er in einem derart tiefen Frieden und Zustand beglückter Verwunderung lebte, dass er tatsächlich frei schweben konnte.

In Spanien wird diese Energie *duende* genannt. Wenn Sie diese Qualität besitzen (*tener duende*), bedeutet es, dass Sie irgendetwas Unsichtbares umgibt, das Magie in Ihr Leben bringt. Der spanische Dichter Federico Garcia Lorca beschrieb dies einst als einen feurigen Geist, etwas, das »in uns aufsteigt, von den Sohlen der Füße aufwärts«.

Es ist nicht zu verkennen, wenn man entsprechend eingestimmt ist.

Das Leben funktioniert einfach besser.

Ich merke, dass ich besser schreibe, eine bessere Mutter bin und besser Pickleball (A. d. Hrsg.: Rückschlagspiel, Mischung aus Badminton, Tennis und Tischtennis) spiele, wenn ich auf der Freude- und Dankbarkeits-Frequenz bin. Das Essen schmeckt besser, Musik hört sich noch schöner an, und bis dato unbekannte Verehrer schicken mir Liebesbriefe.

Wenn Sie wie ein aberwitzig starker Elektromagnet Liebe anziehen möchten, bleiben Sie locker. Seien Sie offen für Wunder. Seien Sie dankbar.

Nur dann kann sich Ihnen das Universum mit seiner göttlichen Vielzahl unbegrenzter Möglichkeiten ernsthaft öffnen.

2. Störsignale

»Verärgert und stocksauer zu sein ist keine gute Voraussetzung, um etwas zu manifestieren.«

– Jay Pryor, mein Freund und begnadeter Lebensberater

»Also echt, Pam«, sagen die Leute oft zu mir. »Ständig mit einem Partyhütchen auf dem Kopf durch das Leben zu tanzen scheint doch ziemlich unverantwortlich zu sein. Wenn es diese allliebende Macht da draußen nun wirklich gibt, wieso leben wir dann nicht alle in einem paradiesischen Zustand immerwährender Glückseligkeit?«

Aus dem gleichen Grund, wieso wir nicht immer ein klares Signal auf unserem Fernseher empfangen oder unser Handy ein Gespräch abrupt beendet. Unsere Frequenz wird unscharf. Störsignale setzen ein. Eine energetische Wolke blockiert den universalen Fluss des Guten. So ähnlich wie bei Pigpen in den *Peanuts*-Cartoons.

Das Problem ist noch nie am Universum gelegen, sondern an unserer Unfähigkeit, die köstliche, liebevolle Wahrheit zu sehen, die es uns kontinuierlich anbietet.

In meinem Buch *E²* habe ich über eine Frau geschrieben, die buchstäblich den Bus nicht sehen konnte, auf den sie wartete, weil sie vollauf damit beschäftigt war, zu jammern und zu klagen. Das, was sie in dem Moment am meisten wollte, war unsichtbar für sie, weil sie sich auf einer Frequenz von Schmerz und Leid befand.

Eine Leserin namens Christine hatte nach dem Lesen dieses Kapitels ein »Heureka«-Erlebnis. Doch im Laufe der nächsten Woche erlebte sie zweimal genau das Gleiche.

Auf der Fahrt zu einem Blogger-Meeting war sie total frustriert, als der Navigator auf ihrem iPhone sie aus irgendeinem Grund nicht richtig ans Ziel führte. Sie fuhr immer wieder an der Adresse vorbei, die angeblich richtig war, und wurde zusehends wütender. Schließlich hielt sie an, schloss die Augen, nahm einen tiefen Atemzug und öffnete ihre Augen – und sah, dass sie direkt vor dem Haus stand.

»Ich war tatsächlich dreimal daran vorbeigefahren«, sagt sie.

Ein paar Tage später, als sie joggen gehen wollte, machte ihr Freund eine Bemerkung, die sie verärgerte. Wieder einmal fand sie sich auf der »Das Leben ist nicht fair«-Frequenz wieder, die immer dann aufblitzte, wenn sie ihre Schlüssel nicht finden konnte. Schließlich, nach 15 Minuten Suchen, gab sie auf und schnappte sich wütend den Ersatzschlüssel. Nach zwanzig Minuten Joggen hörte sie ein klirrendes Geräusch in ihrem Sport-BH und entdeckte den »verlorenen« Schlüsselbund.

Wenn also eine miese Stimmung einen Bus, ein Haus und einen Schlüsselbund »verschwinden« lassen kann – können Sie sich vorstellen, was vielleicht sonst noch »unsichtbar« ist, wenn wir uns auf der Griesgram-Frequenz befinden?

Im Juni 2009 veröffentlichte *The Journal of Neuroscience* eine Studie, die bewies, dass bei Testpersonen, die auf negativen Frequenzen waren (die Wissenschaftler nannten es »schlechte Laune haben«), ihr visueller Cortex – der Teil des Gehirns, der für das Sehen verantwortlich ist – nicht in der Lage war, Informationen richtig zu verarbeiten. Glückliche Testpersonen fanden 50 Prozent mehr von dem, wonach sie gesucht hatten, als ihre unglücklichen, »schlecht gelaunten« Kollegen.

Auf meinem Blog finden Sie einen Post mit dem »Unsichtbaren Gorilla«-Video: http://pamgrout.com/2013/09/23. Die

Tatsache, dass mehr als die Hälfte der Betrachter es nicht schaffen, einen großen, haarigen Gorilla zu sehen, der mitten durch das Fitnesscenter stapft und sich auf die Brust trommelt, ist ein ziemlich überzeugender Beweis, dass wir wichtige Dinge häufig nicht wahrnehmen.

Denk-Defekte

»Fast alle Menschen leiden unter Zwangsneurosen beim Denken.«

– Richard Rohr, Franziskaner-Priester

Auf dem aktuellen Stand unserer Entwicklung haben wir Menschen gelernt, uns übermäßig auf das winzige Klümpchen Plasma in unserem Schädel zu verlassen, das – offen gesagt – nicht darauf programmiert ist, Träume wahr werden zu lassen. Vielmehr ist es programmiert, das zu sehen, was es gestern gesehen hat. Ihnen mehr von dem zu geben, wonach Sie schon gefragt haben. Genau wie Google-Anzeigen.

Jedes Mal, wenn ich meinen Laptop einschalte, kriege ich eine Anzeige, in der mir eine Variante von dem angeboten wird, wonach ich zuletzt gegoogelt habe. Jetzt gerade zum Beispiel suche ich nach Pickleball-Schuhen. Obwohl ich also versuche, eine Wikipedia-Seite hochzuladen, oder Facebook, tauchen Anzeigen für Sportschuhe auf. Oder wenn ich eine Reise plane, sagen wir nach Los Angeles, kriege ich lauter kernige Angebote für Hotels in der Nähe des Flughafens.

Ihr Gehirn funktioniert genauso. Es zapft die riesige Cloud der Möglichkeiten an und sagt: »Aha, sie sucht nach einem Beziehungsdrama. Schicken wir ihr doch eins«; oder: »Er will sich gerne abrackern, wollen wir ihm doch mal eine Portion überfälliger Rechnungen servieren.«

Wie der *Kurs in Wundern* unermüdlich wiederholt: Wir haben die Realität durch unsere Illusion ersetzt. In der Tat geht es bei den ersten 50 Lektionen des Kurses darum, unsere tiefe Überzeugung loszulassen, dass das, was wir mit unseren physischen Augen sehen, objektive Tatsachen sind.
Was wir sehen – alles, was wir sehen – ist ein Hologramm vergangener Konflikte und Ängste.
Obgleich wir glauben, dass unsere Sehkraft wie eine Kamera funktioniert, die einfach in Echtzeit all die Formen, Objekte und Bewegungen aufnimmt, die wir sehen, ist es in Wahrheit so, dass die 130 Millionen Bildrezeptoren im Gehirn mit Milliarden von Neuronen und Synapsen verbunden sind, die buchstäblich alles, um was unser Bewusstsein bittet, konstruieren und rekonstruieren.
Sobald wir unsere grundlegend falschen Glaubenssätze über unsere Wahrnehmung (dass wir etwas Reales sehen) loslassen, öffnen wir uns einer ungeheuren Menge neuer Möglichkeiten. Die Realität ist, wie sich herausstellt, um ein Vielfaches faszinierender und überraschender, als wir sie uns je vorgestellt haben.

Störsig-ale beh-nde-n di- Ver-in-ung z-m U-i-er-um

»Der pausenlose Kommentar, der sich in meinem Kopf abspult, ist eher für'n Arsch.«

– Dan Harris, ABC *Nightline Co-Moderator*

So wie die Erdanziehung, sind auch die energetischen Störsignale eines Menschen nicht etwas, das wir wirklich sehen können, doch sie funktionieren genauso zuverlässig. Mürrische Gedanken, eine unzufriedene Einstellung und Aussagen wie »das Leben ist Mist« sorgen dafür, dass uns die Güte der Welt vorenthalten bleibt. Wenn wir auf stur schalten oder anfangen, uns nur noch auf die vielen »Probleme« in unserem Leben zu konzentrieren, sperren wir uns gegenüber dem Fluss der Liebe und Segnungen, den die Welt für uns bereithält. Es ist, als würde die Verbindung zum Göttlichen kurz aufleuchten und dann wieder verschwinden.

Solange wir weiterhin an den alten mentalen Strukturen festhalten, die darauf fußen, dass wir kämpfen und leiden und uns schwierigen Prozeduren unterziehen müssen (egal ob es sich um Meditation handelt, oder sich selbst zu lieben, oder Gluten und Zucker aufzugeben), werden wir blind sein für all die Geschenke, die das Universum uns jeden Tag aufs Neue anbietet. Lassen Sie uns mal kurz die unzähligen Erscheinungsformen von Störsignalen zusammenfassen:

– **Das grundsätzliche Paradigma unserer Gesellschaft:** Von Anfang an hat man uns beigebracht, dass wir voneinander getrennte Wesenheiten sind und – in unserem innersten Kern – egoistisch und ausschließlich auf unser eigenes Wohl bedacht. Um mit diesem »Problem« fertigzuwerden, wurde uns eingetrichtert, unsere Impulse zurückzuhalten, uns selbst unter Kontrolle zu bekommen. Unsere wichtigste »Arbeit« (und *Arbeit* ist tatsächlich eine passende Bezeichnung für diese Art der Reise durchs Leben) besteht darin, unsere Probleme zu identifizieren, Pläne zu entwickeln, um sie zu lösen und unsere Willenskraft zu benutzen, um nicht aus der Reihe zu tanzen. Überall werden wir mit Botschaften bombardiert, die uns dazu nötigen, »das Richtige« zu tun. Schauen wir uns einige davon näher an:

- Menschen sind rücksichtslos. *(Fahren Sie nicht zu schnell, sonst müssen Sie vors Gericht und eine Strafe zahlen.)*
- Menschen sind faul. *(Angestellte brauchen feste Regeln.)*
- Menschen sind träge. *(Ohne Noten würden Schüler nie lernen.)*

Noch schlimmer ist jedoch, wie grausam wir uns selbst maßregeln, verführt von unserem eigenen negativen Mantra: *Ich bin ein Versager. Ich bin schlecht.*

Wie konntest du nur? sagen wir uns jedes Mal, wenn wir etwas essen, das wir nicht essen sollten; jedes Mal, wenn wir bei einer Mitarbeiterbewertung weniger als eine perfekte 10 erhalten; jedes Mal, wenn wir einen »Bad Hair Day« haben. Wir sind ausgesprochen gemein zu uns selbst. Wir bekämpfen jenen Teil von uns, den wir für schlecht halten – die schwabbeligen Oberarme; den Wunsch, in der Kirche zu tanzen; den Reflex, die Arbeit liegen zu lassen und zu schreiben – was darin endet, dass die Menschheit als Ganzes in einen katatonischen Zustand gerät.

Die Antworten, die man uns beigebracht hat, lauten: Kontrolle. Disziplin. Schutz.

Doch Willenskraft trennt uns nur von unserer wahren Natur, führt nur zu Störsignalen, die uns daran hindern zu erkennen, dass wir ein Teil von etwas Spannendem und Unergründbarem sind, das im ganzen Universum vielleicht noch nie passiert ist und vielleicht auch nie wieder passieren wird.

– **Der Wahnsinnige in unseren eigenen Köpfen.** Eine Zahnwurzelbehandlung ist ein Kindergeburtstag verglichen mit der Tortur, die manchmal in meinem Kopf stattfindet. Eine Stimme erinnert mich in Endloswiederholung an alles, was mir in meinem Leben fehlt. Diese widerwärtige Stimme (denken Sie an Miss Trunchbull, die sadistische Schulleiterin in Roald Dahls *Matilda*) führt über alles Buch, das ich falsch mache, und erstellt lange Listen von Dingen, die ich verbessern muss.

Sie insistiert, dass ich um jeden Preis versuchen muss, »ein besserer Mensch« zu werden. Ihre Ohren werden jedes Mal groß, wenn jemand ein neues Selbsthilfebuch erwähnt. Es ist nur zu meinem Besten, behauptet sie.

Diese Stimme macht deutlich, dass irgendwas mit mir nicht stimmt. Sie besteht darauf, dass ich – anders als alle anderen Menschen – eklatante Schwächen habe.
»Pam«, sagt sie gerne, »im Vergleich mit coolen Leuten schneidest du ausgesprochen schlecht ab. Du bist nicht witzig genug. Du hast Pickel im Gesicht. Und wenn du auch manchmal gut mit Worten umzugehen weißt, hinkst du im Grunde genommen hinter allen anderen her. Aber heute wird das eh nichts mehr; du kannst genauso gut wieder ins Bett gehen und morgen neu anfangen.«
Lange Zeit dachte ich, dass *ich* diese Stimme bin. Sie war eine sehr überzeugende Imitation. Ich ging wegen ihr zur Therapie. Wann immer die Stimme ihre Bedenken äußerte, glaubte ich, dass es meine eigenen Bedenken waren.
Erst als ich anfing, dankbar zu sein für die Segnungen in meinem Leben, stellte sich der Kontakt zu der anderen Frequenz ein – die ruhige, sanfte Stimme, die liebevolle Wahrheiten flüstert. Mir *gefiel*, was diese Stimme sagte. Sie schlug vor, ich solle mich darauf fokussieren, wie sehr ich geliebt werde. Wie wunderschön die Welt tatsächlich ist.
Sie sagte mir, dass das absolut Wichtigste, was ich für mich selbst tun konnte, darin bestand, glücklich zu sein. Aufzuhören, mich selbst zu verurteilen.
Die Stimme von Miss Trunchbull, flüsterte sie leise, *bist nicht du. Sie ist eine Pseudo-Pam – eine Stimme, die so tut, als sei sie du und vorgibt, sehr, sehr wichtig zu sein.*
Die ruhige, sanfte Stimme erinnerte mich daran, dass alles, was ich sehe, alles, was ich glaube, nur eine Geschichte ist, die ich erfunden habe. Sie sagte mir, dass ich in Wahrheit reiner Geist bin. Licht. Alle diese Stimmen, dieser Krieg in meinem Kopf, sind nichts als Brocken des kollektiven Bewusstseins, die ich entweder glauben, mich dagegen auflehnen oder mithilfe von Dankbarkeit umwandeln kann.

Mein wirkliches Ich, sagte die Stimme mir, ist liebevoll, großzügig, in enger Verbindung mit der ganzen Schöpfung. Mein wirkliches Ich wird getragen von der Kraft der Liebe.

– **»Es ist nicht fair« und andere Denkmuster, die uns an der Nase herumführen.** Jedes Mal, wenn wir eine Situation betrachten und das Gefühl haben, sie sollte anders sein als sie ist, errichtet der hinterhältige Puppenspieler in unserem Kopf eine Mauer aus Störsignalen.
Hier sind ein paar andere Handlungsanweisungen, die der hinterhältige Puppenspieler benutzt, um uns aufzustacheln:

- *Das muss in Ordnung gebracht werden.*
- *Es ist nicht genug für alle da.*
- *Wenn ich mich für was einsetze, werde ich ausgenutzt.*
- *Wenn ich meinem Herzen folge, werde ich irgendwann verlassen.*
- *Wenn ich meiner Vision folge, wird man mich auslachen.*
- *Es ist gefährlich, das zu tun, was mir Freude macht.*

– **Schludriges Urteilsvermögen.** Von dem Moment an, wenn Sie etwas verurteilen *(diese Party macht keinen Spaß; diese Fahrt dauert zu lange; diese Person ist soo langweilig),* entgeht Ihnen etwas. Anstatt das Mark aus dem Leben zu saugen, anstatt *Carpe Diem* als Motto für unseren Tag zu nehmen und das Beste daraus zu machen, vergeuden wir die meisten seiner 1440 Minuten damit, unzufrieden zu sein und etwas anderes zu wollen.
Warum sollten wir uns wünschen, in anderer Gesellschaft zu sein oder dass die Umstände anders wären? Wo Sie doch jetzt, in diesem Moment, mit genau diesen Menschen, in exakt dieser Situation, alles haben können, was Sie sich je wünschen könnten.

»Verurteile nicht«, bedeutet mehr, als sich nur davor zurückzuhalten, andere zu verurteilen. Es bedeutet darüber hinaus, darauf zu achten, dass Ihr Urteilsvermögen und Ihre Wahrnehmung klar bleiben.

Geben Sie Ihrem Kopf einen neuen Job

»Wenn Sie sich im Paradies wiederfinden, würde es nicht lange dauern, bis Ihr Kopf sagt: ›Ja, aber…‹«

– ECKHART TOLLE, Autor von *Leben im Jetzt*

Jeder, der schon einmal versucht hat, zu meditieren oder den plappernden kleinen Mistkerl im Kopf zum Schweigen zu bringen, weiß, dass er nie komplett verschwindet.
Das ist der Grund, warum wir ihm in diesem Buch eine total neue Aufgabe geben werden. Eine Aufgabe, die ihn lange genug beschäftigt halten wird, damit die liebevolle, großzügige, ewige Stimme die Bühne für sich haben kann.
Indem Sie rückhaltlos die Dinge aufzählen, die in Ihrem Leben funktionieren, setzen Sie den Mistkerl in Ihrem Kopf außer Kraft und betreten direkt die Ebene der Magie, auf der alles möglich ist.

3. Ändern Sie Ihre Frequenz – und Sie ändern die Welt

»Irgendwo wartet etwas Unglaubliches darauf, entdeckt zu werden.«

– CARL SAGAN, Astronom

Und jetzt kommt das Kapitel für alle, die mit den Augen rollen und von oben herab schauen, für all die Leute, die denken, *Dankbarkeit ist ja ganz nett, doch es gibt Regenwälder, die gerettet werden müssen. Hungernde Kinder, die ernährt werden müssen.*

Ich möchte dagegenhalten, dass es nichts Wichtigeres gibt, was Sie jemals für sich, Ihre Familie, Ihre Freunde, Ihren Planeten, und ja, selbst für die hungernden Kinder tun können, als sich auf die Frequenz der Dankbarkeit und Freude einzustimmen. Die Welt schreit in diesem Moment förmlich nach jeder Menge »Funktürme«, die die kosmische Energie unbegrenzter Möglichkeiten in die Welt hinaussenden. Sie braucht jede Menge menschlicher Frequenzen, die an die unsichtbare Macht von Licht und Liebe glauben.

In jedem Augenblick – ob Sie sich dessen bewusst sind oder nicht – tragen Sie zum kollektiven Bewusstsein bei. Ihre Gedanken, Ihr Energiefeld, Ihre Frequenz strahlt eine elektromagnetische Energie aus, die entweder die alte von Mangel und Einschränkung geprägte Denkweise unterstützt oder die eine neue Denkweise in die Welt sendet.

Ich glaube, wir sind uns alle einig, dass wir eine neue Art des Denkens brauchen könnten.

Die alte Denkweise verkündet, dass unsere Gedanken, unsere Glaubenssätze, unser Energiefeld nicht wirklich eine Rolle spielen, nicht in dem weiten Universum all der anderen Menschen. Sie will uns weismachen, dass Macht und Kontrolle und Handeln der Weg zur Veränderung sind.

Nur dass Sie es wissen: Mittlerweile tun sich klaffende Lücken in dieser irrtümlichen Annahme auf.

Im August 2015 veröffentlichte das Wissenschaftsmagazin *Nature* eine hochinteressante Studie, die beweist, dass die Dinge hier, wo wir gerade sind (zum Beispiel unsere Gedanken), die Dinge an einem anderen Ort beeinflussen. Eine der fundamentalen Behauptungen in der Quantentheorie besagt, dass Objekte, die durch eine große Distanz voneinander getrennt sind, sich ohne Verzögerung in ihrem Verhalten aufeinander auswirken können. Die Tatsache, dass zwei verwickelte Elektronen im Kristallgitter von Diamanten, circa eine Meile voneinander getrennt, gleichzeitig ihre Drehung veränderten, brach wie eine Bombe in das althergebrachte Physikverständnis ein.

Obwohl jene Formen von ortsübergreifenden Experimenten schon seit den Siebzigerjahren durchgeführt werden (in *E²* habe ich über das Belsche Theorem, einen Grundpfeiler der Quantenmechanik, geschrieben), wurde das Ergebnis dieses an der Technischen Universität Delft durchgeführten Experiments in großen Lettern auf der Titelseite der *New York Times* sowie weltweit in den Medien verkündet: Die an dem Experiment beteiligten Physiker hatten alle verborgenen Variablen ausgeschlossen und kategorisch bewiesen, dass wir alle miteinander verwickelt (wie es ein Physiker ausdrücken würde) und verbunden sind (wie es ein Guru sagen würde). Mit anderen Worten, unser Bewusstsein hat eine durchschlagende Kraft!

Das Kleine-Welt-Phänomen – alles ist mit allem verbunden

»Ich bin groß, weil ich mit dem Universum verbunden bin, und das Universum mit mir.«

– Neil de Grasse Tyson, Astrophysiker

Dank der neuen Denkweise, dem »Quantendenken«, bei dem alles miteinander verbunden ist, erkennen wir, dass jeder von uns ein integraler Teil des kosmischen Energiefeldes ist. Worauf immer wir unseren Scheinwerfer richten, entsteht ein Welleneffekt. Was wir mit unserer Aufmerksamkeit beleben, wirkt sich nicht nur auf unsere persönliche Erfahrung aus, sondern auf die Erfahrung des ganzen Universums. Jede Aktion, jeder Gedanke, jeder Glaubenssatz hat kosmische Bedeutung.

Nach den Aussagen von Heisenberg (dem deutschen Physiker, nicht dem TV-Moderator in New Mexico), beeinflussen und verändern wir alles, was wir wahrnehmen. Er nannte es »das Wahrgenommene stören«. Für einen Physiker bedeutet *stören* die Veränderung oder Modifizierung der Moleküle, der Atome, der Energie, die ein physisches Objekt ausmacht. Alles, was ich wahrnehme, alles, was ich tue, wirkt sich auf alles andere aus. John Wheeler, Professor der Physik an der Princeton University, hat diesen berühmten Satz gesagt: »Sorry, Leute, aber wir können uns nicht länger als einfache Zuschauer betrachten.« Er nannte es eines der »tiefen, beglückenden Mysterien«, dass wir in jedem Augenblick mit der Welt, die wir betrachten, interagieren und sie beeinflussen.

Das ist es, was wir alle tun, jeden Tag. Wir schauen uns alles und jeden durch die Brille unserer Vorurteile, Glaubenssätze und Meinungen an und »stören« die Welt.

Wenn wir die Welt hingegen von einer Resonanzfrequenz der Dankbarkeit aus betrachten – wenn wir unser Bewusstsein benutzen, um Schönheit zu sehen und Zauberhaftes zu bestaunen –, senden wir eine Frequenz der Liebe, Magie und Wunder aus. Diese Schwingung der Freude ist die mächtigste Frequenz auf unserem Planeten und hat die Fähigkeit, die Welt radikal auf eine höhere Stufe zu heben.

Wir alle unterschätzen in hohem Maße die Wirkung, die wir aufeinander haben. Wir ignorieren den ungeheuren Einfluss, den selbst unsere unbedeutendsten Aktionen auf die gesamte Menschheit ausüben.

Jedes Mal, wenn ich mich selbst mehr liebe, sende ich dem Großen Ganzen Liebe. Jedes Mal, wenn ich jemandem vergebe, der mir angeblich »Schaden« zugefügt hat, helfe ich dem Planeten, zu heilen. Die kleinen, unsichtbaren Dinge, die viele von uns nicht wertschätzen oder wichtig nehmen, besitzen große Heilkraft. Vielleicht wird es sich nicht wie ein Lauffeuer auf Facebook verbreiten, wenn Sie einer 82-jährigen Witwe die Einkaufstaschen tragen, aber auf einer bestimmten Ebene strahlt diese Aktion ins Universum hinaus und kreiert Wellen in dem unsichtbaren Energiefeld, das die Blaupause für die materielle Welt bildet.

Alles, was ich tue, wirkt sich auf alles andere aus.

Jeder Akt der Liebe, selbst ein so kleiner wie ein Baby durch eine lustige Grimasse zum Lachen zu bringen, schickt eine bestimmte Frequenz durchs Universum. Jeder Gedanke, jede Handlung spinnt unsichtbare Fäden auf einer tieferen Ebene.

Und wie cool ist es, dass Sie dank Ihres Glaubens ans Eins-Sein und der Entscheidung, dem Resonanzbereich von Dankbarkeit und Freude Ihre Energie hinzuzufügen, die Welt von Grund auf *verändern* können? Glücklich zu sein, das wissen wir heute, ist gut für den Planeten. Sie müssen nicht für den Frieden marschieren (wobei Ihnen das natürlich freisteht) oder drei Wochen lang fasten. Sie können einen Schritt weiter gehen, indem Sie Ihren Fokus vom Negativen abziehen und die vielen Dinge wahrnehmen, die wunderbar funktionieren, indem Sie das Gute in den Menschen fördern.

* * *

Jeder von uns hat zwei Hauptfrequenzen. Die erste, angetrieben von der Amygdala (oder Mandelkern), tritt in Aktion, wenn wir beunruhigende Nachrichten sehen oder hören. Sie sendet die Frequenz *Wow! In der Welt da draußen kämpft jeder gegen jeden. Ich sollte mich lieber schützen. Lieber die Rollläden runterziehen.*

Die andere Frequenz, diejenige, die weiß, dass die Realität nie wirklich furchterregend ist, sendet Liebe und Vertrauen zu unseren Mitmenschen aus. Indem wir ans Eins-Sein, an die Freude glauben, können wir gemeinsam das Energiefeld des Planeten buchstäblich umprogrammieren.

Eine Studie von James Fowler von der University of California San Diego, und Nicholas Christakis von der Harvard University, hat gezeigt, dass man allein durch das Erleben von Großzügigkeit schon zu guten Taten angespornt wird. Wenn also zum Beispiel jemand einen Euro in eine abgelaufene fremde Parkuhr wirft, kann dies einen Domino-Effekt auslösen und Dutzende oder sogar Hunderte von Menschen inspirieren, großzügig zu sein. Ihre Studie, finanziert vom National Institute in Aging, bewies, dass einfach nur zu beobachten, wie jemand eine gute Tat vollbringt – indem beispielsweise ein Obdachloser ein teures Armband zurückgibt, das jemand ohne es zu merken verloren hat; oder wenn eine Bedienung im Restaurant Kriegsveteranen ein Mittagessen spendiert –, einem dazu inspiriert, es ihm oder ihr gleichzutun. Die Wissenschaftler sagen, dass sich dieser Effekt um drei Ecken fortsetzen kann – mit anderen Worten, Ihre Handlung inspiriert meine Handlung, die wiederum die Handlung eines anderen inspiriert.

Doch ich würde sagen, dass ist eine Untertreibung. Ein Mann aus dem Okanagan Valley in Kanada hat mir erzählt, wie er in einem Drive-in-Lokal in Winfield, British Columbia, informiert wurde, dass die Person in dem Wagen vor ihm seinen Kaffee bereits bezahlt hatte. Inspiriert durch diese freundliche Tat beschloss er, das Gleiche für die Person in dem Wagen hinter ihm zu tun.

Später erfuhr er von seinem Nachbarn, der in diesem Drive-in-Lokal arbeitete, dass sich die »Kaffee-Spende« viereinhalb Stunden lang fortsetzte, von einem Auto in der Schlange zum nächsten. *Viereinhalb Stunden* hemmungsloser Großzügigkeit!

Das ist keine Kleinigkeit. Ein Akt der Großzügigkeit – ein Keim der Liebe, der Hoffnung, des Optimismus – kann sich vervielfachen und zu einer ungeheuren Macht im Namen der Liebe anwachsen.

TEIL II

Ihr *Sei dankbar und werde reich*-Portfolio

»Wenn ich an Reichtum denke, geht es mir dabei nicht um ein Leben im Luxus; es geht darum, ein Leben voll unbegrenzter Möglichkeiten zu schaffen, Mangel in Fülle zu verwandeln.«

– Peter Diamander, Gründer der *X-Prize Foundation*

4. Zum »Warren Buffett des Glücks« werden

»Ich möchte mich selbst so glücklich machen, dass andere glücklich werden, wenn sie mich nur ansehen.«

– Yogi Bhajan, spiritueller Lehrer, der Kundalini-Yoga in die USA gebracht hat

Ich sollte die Fakten am besten gleich mal auf den Tisch legen. Dieses Buch wird sich nicht im Geringsten auf Ihren Rentenplan auswirken oder Ihnen helfen, die luxuriöse Villa zu bekommen, deren Foto auf Ihrem Vision-Board prangt. Es geht hier nicht darum, im herkömmlichen Sinne reich zu werden und Besitztümer anzuhäufen.

Bei *Sei dankbar und werde reich* geht es darum, eine andere Art von Portfolio zu schaffen, ein Portfolio, das den profunden und unerschöpflichen Reichtum, den Sie bereits besitzen, wertschätzt und multipliziert.

Geld stinkt nicht, keine Frage, doch lassen Sie es mich sehr klar sagen: Es ist unfähig, auch nur ein Quäntchen echten Glücks zu schenken.

Wir alle sind Menschen mit dem grundlegenden Bedürfnis zu lieben. In dem Maße, wie uns das gelingt, sind wir glücklich und erfüllt.

Wenn uns nur daran liegt, jede Menge Geld auf dem Konto zu haben, vergeuden wir unsere kostbare Zeit, unsere Werte und unsere wahre Berufung.

Diese unermüdliche Suche nach Barem trennt uns oft von den wichtigen Dingen, die wir bereits haben – unsere Familie, unsere Kreativität, unseren wunderbaren, lebenserhaltenden Planeten – und die wichtigen Dinge, die wir wirklich wollen – Freiheit, glücklichere Beziehungen, eine sinnvolle und erfüllende Arbeit.

In diesem Buch geht es darum, Ihre anderen Reichtümer wiederzuentdecken, Ihre *wahren* Reichtümer. Anstatt Eigenkapital aufzubauen und immer mehr materielle Dinge anzuhäufen, werden Sie das göttliche Erbe verzinsen, das Ihnen auf die Welt mitgegeben wurde.

Wahre Sicherheit kann nicht durch das Ansammeln von Goldmünzen erreicht werden, sondern durch das Wissen, dass Sie jedes Mal, wenn Sie sich auf das hinbewegen, was Ihr Herz lachen lässt, was Ihnen mehr als alles andere das Gefühl gibt, wirklich lebendig zu sein, gesegnet werden … und Ihnen alles, was Sie brauchen, auf herrliche Weise bereitgestellt wird. Das Universum, ob Sie es glauben oder nicht, wird sich tatsächlich mit Ihnen verbünden, um Ihnen zu helfen, Ihren Traum wahr werden zu lassen.

Was könnte mehr Sicherheit bieten als zu wissen, dass Ihnen alles, was Sie sich je wünschen könnten, zur Verfügung steht – nicht dank Ihres materiellen Reichtums, sondern angeboten vom Universum, das Sie aus dem alleinigen Grund erschaffen hat, seine Pracht und Herrlichkeit zu vergrößern und sich daran zu erfreuen?

Was könnte mehr Freude bereiten, als zu erkennen, dass Ihre wichtigste Aufgabe hier auf diesem Riesenball, der durch den endlosen Weltraum rast, darin besteht, Spaß zu haben, dem GPS Ihrer Freude zu folgen und das Gute, Heilige und Schöne zu erschaffen.

Das alte Paradigma

»Dieser Gedanke, dass es ein Problem gibt ...,
entspringt nur einer verrückten Laune der Menschheit.«

– Ady Ashanti, spiritueller Lehrer

Die Welt ist ein magischer Ort. Was uns bisher angeboten wurde, ist jedoch alles andere als das.

Beginnen wir mit unserem gegenwärtigen Wirtschaftssystem. Es ist frei erfunden. Eine willkürliche Vereinbarung, zu der wir uns alle bereitwillig verpflichtet haben. Doch es ist nicht real.

Es wurde von dem Reptilienteil unseres Gehirns entworfen, der Teil, der Angst hat; der Teil, der laut brüllt: *Gefahr im Verzug! Pass auf! Schütze dich*!

Diese Vereinbarung basiert auf der Vorstellung von angeblichem Mangel und zügellosem Konsumverhalten, das nie befriedigt werden kann. Dieses Wirtschaftssystem kann uns nie das geben, was wir uns wirklich wünschen. Eines seiner Grundprinzipien besteht tatsächlich darin, uns zu ermutigen, Dinge haben zu wollen, die wir bereits unser Eigen nennen. Um das Wirtschaftswachstum aufrechtzuerhalten – der heilige Gral der heutigen Zeit – sind wir gezwungen worden, alle Geschenke, die uns bei der Geburt mitgegeben wurden, zu Geld zu machen ... Dinge wie Gesundheit, Wasser, Nahrung, die Umwelt. Sogar Lebenshilfebücher wie dieses hier fördern genau das Wohlergehen, dessen wir uns bereits erfreuen – oder erfreuten, bevor wir es unter unserem ökonomischen Irrsinn vergruben.

Bis zu dem Moment, an dem unsere finanziellen Paradigmen Mutter Erde das Leben zur Hölle machten, waren wir mit allem versorgt, was wir jemals brauchen konnten.

Wenn Sie etwas – insbesondere ein ökonomisches System – auf falschen Informationen aufbauen, dürfte es keine wirkliche

Überraschung sein festzustellen, dass es Sie nicht zufriedenstellt.
Hier sind ein paar unverblümte Behauptungen, auf denen das offizielle Dogma unserer westlichen Gesellschaft beruht:

1. Dass wir einem gleichgültigen Universum gegenüberstehen. Alles, was wir tun, alles, was wir glauben, basiert auf der Idee, dass wir in einem gleichgültigen und manchmal sogar feindlichen Universum leben. Um erfolgreich zu sein – so glauben wir – müssen wir es nach unserem Willen zurechtbiegen, müssen es kontrollieren, Disziplin anwenden. Zu glauben, dass das Universum weiß, was es tut; zu denken, dass es uns vielleicht sogar liebt und einen Plan für unser Leben hat, steht im Gegensatz zu allem, was uns die Ökonomen lehren.
Ist es wirklich nur ein unvorhersehbarer Zufall willkürlicher Moleküle, dass wir über ein Bewusstsein verfügen und atmen und uns daran erfreuen, Israel Kamakawiwo'ole auf einer Ukulele *Over the Rainbow* spielen zu hören?
Wenn Sie erst einmal auf der Frequenz von Freude und Dankbarkeit sind, werden Sie feststellen, dass das Universum nicht nur eine schöpferische Kraft ist, sondern Ihr stärkster Verbündeter.

2. Dass es Mangel gibt. Das gegenwärtige Wirtschaftssystem verweist auf den Mangel und fördert die absurde Vorstellung, dass uns wichtige Dinge in unserem Leben fehlen.
Sobald es all Ihre Grundbedürfnisse gestillt hatte (Nahrung und ein Dach über dem Kopf, zwei Dinge, die ursprünglich von Mutter Natur kostenlos bereitgestellt wurden), war es gezwungen, sich irgendwelche idiotischen Dinge einfallen zu lassen, um sie Ihnen zu verkaufen – Dinge wie Deodorants, Bananenschneider aus Plastik, tanzende Weihnachtsmann-Figuren und andere Dinge, die nicht dem Glück des Menschen dienen. In

vieler Hinsicht ist die Ökonomie, die Adam Smith (1723–1790) mit aus der Taufe hob, wenig mehr als ein von der Regierung gefördertes Schneeballsystem.

Die Unterstellung, dass wir unter Mangel leiden, ist ein zentraler Grundsatz der Ökonomie und wird als objektive Wahrheit betrachtet. Es ist jedoch wie die meisten »objektiven Wahrheiten« nichts als heiße Luft, oder eleganter ausgedrückt: eine Projektion. Wie die Menschen, die in Platos Höhle den Schatten nachschauen, müssen wir uns von unseren Ketten befreien. Nur dann können wir den unbändigen Reichtum der Welt erkennen.

Und ich meine das nicht nur im übertragenen Sinne. Riesige Mengen an Lebensmitteln, Energie und anderen Ressourcen werden jeden Tag sinnlos vergeudet. Es stimmt, die halbe Welt hungert, doch die andere Hälfte schmeißt mehr weg als nötig wäre, um die Hungrigen zu ernähren. Es gibt tatsächlich mehr als genug für uns alle.

Und noch reicher und von größerer Fülle als die materielle Welt ist die spirituelle Welt: Die Schöpfungen des menschlichen Geistes – Lieder, Geschichten, Filme, Ideen – all die Dinge, die wir »geistiges Eigentum« nennen.

Sobald wir unsere Scheuklappen ablegen und den Schmonzes in die Tonne treten, den man uns verkauft hat, sind wir in der Lage zu sehen, wie reich die Welt tatsächlich ist.

3. Dass wir voneinander getrennt sind. Das momentane Finanzsystem basiert auf der Idee, dass jeder von uns ein isoliertes Fragment ist, getrennt von allen anderen und von der Natur an sich. Es funktioniert unter der falschen Annahme, dass etwas, das jemandem in Afrika passiert, für Sie und mich keine Bedeutung hat. Es basiert auf der Idee, dass wir dort einen Fluss verunreinigen oder das Eisen aus der Erde herausziehen können, ohne dass es sich auf uns auswirkt.

Jeder Professor der Wirtschaftswissenschaft wird Ihnen sagen, dass eine Maximierung von Eigeninteresse normal ist, dass Konkurrenzdenken in unserer DNA verankert ist.

Doch wenn wir unsere kulturelle Mär aufgeben, dass wir in einer Welt leben, in der einer gegen den anderen kämpfen muss und jeder sich selbst der Nächste ist, wird uns umgehend klar, dass menschliche Zusammenarbeit tatsächlich die Norm ist. Menschen lieben es, einander zu helfen. Fragen Sie mal jemanden nach dem Weg, wenn Sie mir nicht glauben. Menschen werden generell alles in ihrer Kraft Stehende tun, um zu helfen. Ich würde sagen, es ist ein menschliches Bedürfnis, einander zu helfen.

Tim Cahill, Gründer und Herausgeber der Zeitschrift *Outside*, erzählte mir vor einigen Jahren, als wir in Namibia unterwegs waren, diese Geschichte:

Auf dem Weg zum Swakopmund Convention Center, wo er vor der Adventure Travel Trade Association einen Vortrag halten wollte, fragte er eine Frau aus dem Ort, die einen Korb auf ihrem Kopf balancierte, nach dem schnellsten Weg.

Als sie merkte, dass der Fremde zu Fuß unterwegs war, fragte sie ihn: »Wann genau müssen Sie da sein?«

Als er ihr die Zeit sagte, schwenkte sie sofort um und meinte: »Kommen Sie. Wir nehmen meinen Wagen. Sonst schaffen Sie es nie.«

Und so sind wir alle in Wirklichkeit, Liebhaber des Lebens, die nur auf eine Chance warten, zu helfen.

Meine Tochter, eingetragenes Mitglied bei Oxfam, geht aufs College und hilft dort jedes Jahr, ein Event zu organisieren, das der internationale Verband ein »Hunger-Bankett« nennt. Wenn alle Gäste eingetroffen sind, zieht jeder von ihnen eine zufällige Nummer für einen bestimmten »Sitzplatz« am ökonomischen Welt-Tisch. Die Mehrheit von 56 Prozent (die jene Menschen repräsentieren, die in Armut leben) sitzen auf dem Boden und

kriegen vielleicht eine Handvoll Reis und verschmutztes Wasser. Die 42 Prozent, die die Mittelklasse repräsentieren, bekommen vielleicht ein Sandwich und einen kleinen Tisch. Die verbleibenden 2 Prozent werden mit weißen Tischtüchern, edlem Porzellan und einem Fest verwöhnt, das eines Königs würdig wäre.
Das Bankett hat den Zweck, unsere Augen für die Tatsache zu öffnen, dass ökonomische Ungleichheit, Einkommen und verfügbare Ressourcen in hohem Maße von Zufall und schlichtweg Glück abhängen.
Doch was letzten Endes bei diesen Hunger-Banketts passiert, die Oxfam in Dutzenden von Ländern inszeniert hat (und das ist der Punkt, wo unsere Vorstellungen über die Welt ernsthaft infrage gestellt wird), ist, dass die zwei Prozent – wenn sie sich den 56 Prozent gegenübersehen, die auf dem Boden sitzen – schließlich ihre Gnocchi, Spargel und Artischocken in Pesto-Creme mit ihnen teilen.
Wenn ihnen die Chance gegeben wird, tun Menschen immer das Richtige. Das ist es, wozu uns unsere inneren Impulse anleiten. So sieht die Wahrheit aus.
Sobald wir unsere kleinlichen Ideen darüber, »wie die Welt funktioniert«, aufgeben, erhalten wir jede Menge Beweise, dass es absolut keinen Grund gibt, uns voreinander, vor der angeblichen Willkür der Natur oder vor unseren eigenen inneren Impulsen beschützen zu müssen.

4. Dass unsere Aufgabe im Leben darin besteht, Dingen Wert beizumessen, die total bedeutungslos sind. Das zurzeit vorherrschende Wirtschaftssystem fordert uns auf, gegen unsere Natur und höchsten Prinzipien zu verstoßen. Es ermutigt uns, Geld über alles andere zu stellen. Es erschafft eine Hierarchie, die besagt, dass bestimmte Menschen besser sind als andere. Es sagt uns, dass wir glücklicher sind, je mehr Dinge wir besitzen. Es lehrt uns, Geld und andere Ressourcen anzuhäufen, einen dicken Schlitten mehr wertzuschätzen als zum Beispiel einen naturbelassenen Wald. Jeder, der sich schon einmal in einem solchen alten Wald aufgehalten hat, kann Ihnen sagen, dass es wesentlich befriedigender ist, unter einem uralten Baum zu sitzen als in einem Porsche Cayenne.

Unsere bombastische Konsumkultur ist die perfekte Übung darin, das Wesentliche nicht zu begreifen.

Was das gegenwärtige Finanzsystem uns anbietet, ist gegen unsere Natur. Es ist nicht das, was wir wirklich wollen. Die besten Dinge im Leben, sind keine »Dinge«. Derek Sivers – der brillante Unternehmer, der *CD Baby* gegründet und es später für 22 Millionen Dollar verkauft hat, wovon er 92 Prozent an Wohltätigkeitsorganisationen spendete – sagte, dass er am liebsten trainierte Papageien kaufen würde, die dann durch jedes Shoppingcenter flattern und kreischen: »Es wird dich nicht glücklich machen! Es wird dich nicht glücklich machen. Es ist nicht das, was du wirklich willst.«

Was wir in Wahrheit wollen, ist, unsere Gaben und Talente zu teilen, unseren Mitmenschen und der Welt zu Diensten zu sein. Wir möchten lieben. Wir möchten großzügig sein. Wir *müssen* diese Dinge tun. Es ist das, was uns glücklich macht, was uns das Gefühl gibt, wirklich zu leben.

Wirklich sicher fühlen wir uns nur, wenn wir so werden wie wir in Wahrheit sind, wenn wir mit leichtem Gepäck durchs Leben gehen und unserem freien Geist keine Grenzen setzen. Geld ist nichts anderes als ein Bündel bunter Geldscheine und Plastikkarten, Zahlen irgendwo in einer virtuellen Cloud. Es ist kurzlebig, vergänglich, formbar, letzten Endes unzuverlässig. Es ist ein Symbol und funktioniert am besten, wenn es zirkuliert. Wenn es zu lange im Hedge-Fond eines Einzelnen liegt, stagniert es. Und verliert irgendwann seinen Wert.

Ich habe oft gesagt, dass das Anhäufen von 10 Milliarden Dollar – der Betrag, den Donald Trump wert zu sein behauptet –

sich nicht großartig davon unterscheidet, alte Zeitungen, Eimer mit Löchern und den ganzen anderen Schrott zu sammeln, der sich in den Wohnungen dysfunktionaler Mitglieder der Gesellschaft findet, die man in Reality-Shows kopfschüttelnd bestaunen kann. Zu viel Geld zu besitzen verdreht die Perspektive und führt zu idiotischen Handlungen, zum Beispiel Dinge zu kaufen, die Sie nie benutzen werden oder gar nicht wirklich wollen. Unser gegenwärtiges Wirtschaftssystem will Ihnen aber glauben machen, dass Sie umso glücklicher sind, je mehr Dinge Sie anhäufen. Wie Frank Lloyd Wright einmal sagte: »Reiche Menschen sind wenig mehr als die Verwalter ihrer Besitztümer.«
Tom Shadyac, der berühmte Drehbuchautor und Regisseur von *Ace Ventura – Ein tierischer Detektiv*, *Der Dummschwätzer*, *Bruce Allmächtig* und anderen Hollywood-Blockbustern, bestätigt Wrights Schlussfolgerung: »Geld und Besitz sind eine Falle«, sagt er und erklärt, warum er beschloss, sein 17000 qm großes Grundstück gegen einen dreißig Meter langen Wohnwagen einzutauschen: »Unsere Zeit damit zu verbringen, Komfort und materiellen Besitz anzusammeln, blockiert und verkompliziert nur unser Glück.«

Geld ist nur ein Gedanke

»Vergiss nicht …, keiner gewinnt,
wenn nicht alle gewinnen.«

– Bruce Springsteen, Rockstar

Mit dem Finger auf andere zu zeigen, macht das Problem nur noch schlimmer. Über die bösen Buben zu schimpfen, anstatt dem eigenen inneren Dagobert Duck auf die Schliche zu kommen, hilft uns nicht weiter. Sind wir tatsächlich gierig? Oder einfach nur verängstigt?

Nur damit Sie es wissen, die meisten Millionäre machen sich um Geld genauso viel Sorgen – wenn nicht noch mehr – wie Sie. Es fällt ihnen schwer, anderen zu vertrauen; sie haben Schwierigkeiten, loszulassen, und fühlen sich oft schuldig, weil sie anscheinend ein Traumleben führen und dennoch unzufrieden sind.
Reichtum ist alles andere als ein Synonym für *Sicherheit*. Reichtum nährt häufig genau das gegenteilige Gefühl. Er errichtet eine Mauer, die unseren *wahren* Reichtum blockiert: unser gemeinsames Menschsein und unsere Neigungen, etwas zu erschaffen, Freude zu spenden und zu verbreiten.
Das Einzige, was die oberen Zehntausend uns Normalos voraushaben, ist dies: Sie wissen bereits, dass das Anhäufen von Geld kein Garant für andauerndes Glück ist. Sie haben bereits herausgefunden, dass Unmengen von Geld auf dem Konto nicht für die tiefe Zufriedenheit sorgen, nach der der Rest von uns giert.
Nehmen Sie zum Beispiel Ken Behring. Aufgewachsen in Wisconsin in der Zeit der Weltwirtschaftskrise in den 1930ern in einem Haus ohne Zentralheizung oder fließend Wasser, fiel Behring auf die Lüge herein, dass er glücklich sein würde, wenn es ihm nur gelänge, reich zu werden. Als kleiner Junge mähte er die Rasen der Nachbarn, arbeitete als Caddie auf Golfplätzen, trug Zeitungen aus.
Er hatte Schneid und war voller Tatendrang und wurde schließlich zu einem überaus erfolgreichen Immobilienhai. Kaum 27, war er bereits Millionär. Und er kaufte all die Dinge, von denen er dachte, dass er sie haben wollte: ein großes Haus, eine Yacht, Luxusautos.
Irgendwann begannen ihn diese Dinge zu langweilen. Vielleicht hatte er sich die »falschen Sachen« ausgesucht, vielleicht sollte er es mit »anderen Sachen« probieren. Vielleicht würde es ihn glücklich machen, wenn er sich das Football Team der *Seattle Seahawks* kaufte.

Doch auch das brachte ihn nicht weiter. Bald verkaufte er die Seahawks wieder und begann, in seinem Privatflugzeug nach Afrika zu fliegen und auf Großwildjagd zu gehen. Wann immer es möglich war, nahm er Vorräte, Bücher und Medikamente für die örtlichen Fremdenführer und ihre Familien mit.

Die LDS Philanthropies (die gemeinnützige Einrichtung der Mormonen) hörten von seinen Reisen und fragten, ob er bereit sei, einen Umweg zu machen, um Kriegsflüchtlingen aus dem Kosovo Versorgungsgüter zu liefern. Nachdem 15 Tonnen Dosenfleisch geladen waren, merkten sie, dass es noch Platz gab, und fügten sechs Rollstühle hinzu.

Während seines Aufenthaltes in Rumänien, wo Behring die Rollstühle persönlich an die Patienten ablieferte, fiel ihm besonders einer der jungen Flüchtlinge auf, der beide Beine verloren hatte, nachdem er auf eine Landmine getreten war.

»Bitte gehen Sie noch nicht«, sagte der dankbare Junge, der sich an Behrings Bein klammerte. »Ich möchte mir Ihr Gesicht einprägen, damit ich mich noch einmal bei Ihnen bedanken kann, wenn wir uns im Himmel wiedersehen.«

»Es war das erste Mal, dass ich wirklich Freude empfunden habe«, sagt Behring, der seit jenem Tag fast eine Million knallrote Rollstühle verschenkt hat. »Es hat mein Leben verändert. Dieses wohltätige Werk ist das Größte, was ich je in meinem Leben geleistet habe.«

Die gute Nachricht ist, dass unser Finanzsystem – das nichts anderes ist als eine veraltete gesellschaftliche Konvention – von Grund auf verändert werden kann.

Es beginnt mit einer neuen Definition von *Reichtum*: Die Leichtigkeit und Freiheit, großzügig zu sein. Die Leichtigkeit und Freiheit, Ihre Träume in die Tat umzusetzen. Die Leichtigkeit und Freiheit, zum Nutzen der ganzen Schöpfung zu leben.

Indem Sie Ihr Leben auf der Frequenz der Freude und Dankbarkeit verbringen, werden Sie eine andere Art von Kapital aufbauen – eines, das die Seele nährt und Ihren wahren Wünschen entgegenkommt: dienen zu können, ein Kanal für die Liebe zu sein, die wunderbarsten Dinge zu erschaffen.

5. Finanzieller Reichtum ist eine Nebenwirkung Ihres *wahren* Reichtums

»Was wir brauchen, sind Menschen, die sich darauf spezialisieren, das Unmögliche möglich zu machen.«

– Theodore Roethke, mit dem Pulitzer-Preis ausgezeichneter Dichter

Jedes Jahr wird in 51 Ländern die SantaCon veranstaltet, eine riesige Kneipentour für Leute in Weihnachtsmannkostümen. In Lawrence, Kansas, wo ich wohne, sammeln sie Geld für die HSUS (US-amerikanische Tierschutzorganisation), daher gibt es verständlicherweise Weihnachtsmann-Regeln. Dinge wie, »Sei kein böser Santa«, »Stell keinen Unfug mit den Kindern an« und »Werde nicht verhaftet«. Doch meine Lieblingsregel ist: »Eine Santa-Mütze macht noch keinen Weihnachtsmann«. Mit anderen Worten, Sie müssen sich voll darauf einlassen, von Kopf bis Fuß, innen wie außen.

Außerdem ist es eine perfekte Richtlinie, um das Optimum aus dem *Sei dankbar und werde reich*-Portfolio herauszuholen, das ich Ihnen gleich vorstellen werde.

Wie ich bereits erwähnt habe, besitzen Sie schon jetzt jeden dieser Aktivposten. Doch solange Sie sich nicht voll darauf einlassen, mit Haut und Haaren, sind Sie sich der massiven Gewinne und lebensverändernden Funktionen dieser Anlagen nicht bewusst.

Und so lassen Sie sich darauf ein:

1. Fangen Sie an, die guten Dinge in Ihrem Leben zu erkennen. Machen Sie dies zu einer aktiven Übung. Auf eine Weise, als würde Ihr Leben davon abhängen. Dankbarkeit, wie ich bereits erwähnt habe, hat umwälzende Nachwirkungen. Sie verändert buchstäblich alles. Ich nenne es *alchemistisches Kapital.*

2. Wenden Sie Ihr Leben dem Großen Mysterium zu. Dies fördert *spirituelles Kapital.* Wir werden gleich mehr über jede dieser Investitionen sprechen.

3. Orientieren Sie sich an dem, was Ihnen am stärksten das Gefühl gibt, lebendig zu sein. In Japan nennt man das *waku waku*. Sie können es tatsächlich in Ihrem Körper fühlen. Es ist Ihr zuverlässigstes Navigationssystem, um Ihr bereits vorhandenes *kreatives Kapital* zu entdecken. Und nebenbei bemerkt, das gilt nicht nur für Künstler.

4. Entspannen Sie sich und gönnen Sie sich mehr Spaß. Jeder von uns hat nur eine begrenzte Zahl von Herzschlägen in seinem Leben zur Verfügung. Da wir nie genau wissen wie viele, sollte jeder Tag genutzt werden, um *Abenteuer-Kapital* aufzubauen.

5. Lassen Sie andere an Ihrem Glück teilhaben. Erzählen Sie es weiter. Retten Sie ein Leben. Dienen Sie dem Planeten. Diese Investition schafft *soziales Kapital.* Wir alle sind sowieso miteinander verbunden. Da können wir genauso gut Freunde sein.

Alchemistisches Kapital

»Der Mann, der sich selbst mit 50 genauso sieht wie mit 20, hat 30 Jahre seines Lebens vergeudet.«

– Muhammad Ali, Boxlegende

Dies ist ein wichtiges Kapital, vor dem Sie wahrscheinlich die meiste Zeit Ihres Lebens davongelaufen sind. Es ist das Kapital der Veränderung, der Evolution. Es ist genau das Kapital, durch das Sie Ihre eigene innere Magie anzapfen und anwenden, um Veränderungen herbeizuführen. In Ihrem eigenen Inneren. Im kollektiven Bewusstsein. Im Universum.

Alchemie, der mittelalterliche Vorläufer unserer heutigen Chemie, war die Praxis der Verwandlung von Materie. Sie verschwand zum größten Teil nach der Entdeckung des Periodensystems, doch moderne Physiker sagen uns, dass wir jedes Mal Alchemie benutzen (nun ja, sie benutzen nicht genau dieses Wort), wenn wir etwas betrachten. Wenn uns »etwas auffällt« (sei es das störende Kaugummikauen des Taxifahrers oder das Lächeln unseres Geliebten), machen wir uns dieses Erlebnis zu eigen. Wir nähren es mit unserer Aufmerksamkeit. Wir sorgen buchstäblich dafür, dass es wächst. Das, worauf wir uns fokussieren, dehnt sich aus. Wir verändern Dinge ständig… außer wenn wir uns tagaus tagein auf die exakt gleichen Dinge fokussieren.

Viele von uns wehren sich gegen den Wandel, fürchten ihn, verrenken und verdrehen sich, um ihn zu vermeiden. Doch der Wandel ist unvermeidlich und dient dem übergeordneten Wohl aller.

Möchten Sie wirklich in zehn Jahren noch am gleichen Punkt stehen wie heute (das gleiche Denken, die gleichen Gewohnheiten, die gleiche enge Weltsicht)?

Ich nicht. Ich hoffe, in zehn Jahren ist mein Leben nicht wiederzuerkennen. Was bedeutet, dass ich dem Universum – das so viel weiser und herrlicher ist, als ich es mir je vorstellen könnte – erlaubt habe, mit mir zu machen, was es will. Sicher, ich könnte an meinem Leben festhalten, mich an das klammern, was hier und jetzt gegeben ist. Doch wenn ich das Leben von dieser eingeschränkten Sichtweise aus betrachte, fühle ich mich immer elend.

Spirituelles Kapital

»Gott kommt zu dir, verkleidet als dein Leben.«

– Paula D'Arcy, Autorin und Retreat-Leiterin

Wir alle sind mit einer großen Reserve an spirituellem Kapital auf die Welt gekommen. Sehr wenige von uns maximieren es oder erlauben ihm, an Wert zu gewinnen. Doch nirgends ist der Gewinn größer.
Warum haben wir also unser spirituelles Kapital in die hinterste Ecke verbannt und sein Vorhandensein kaum jemals registriert? Hier sind die drei Hauptgründe:

1. Irgendwann im Laufe des Lebens ist aus der Spiritualität eine ziemlich uncoole Angelegenheit geworden. Sie wurde von einem Haufen fundamentalistischer Religionen vereinnahmt, die Gott in einen verurteilenden Pedanten verwandelten. Sie machten uns mit einem Gott bekannt, der in erster Linie Dinge unter Androhung von Strafe verbot, und gaben uns eine Liste von Regeln und Geboten, die unsere natürlichen Impulse im Zaum halten.

2. Die Belohnungen wurden auf die Zukunft verschoben. Selbst ernannte Lieferanten von Spiritualität vergessen auch gerne zu erwähnen, dass Gott (oder das FP der göttlichen Energie) für uns alle erreichbar ist. Uns aufzufordern, auf die Wohltaten zu warten, geht komplett am Sinn des Ganzen vorbei.

3. Es ist, nun ja, unsichtbar. Es hört sich verrückt an. Fakt ist: Vertrauen ist eine unsichtbare Macht. Ihr Leben einer Sache anzuvertrauen, die Sie nicht mit eigenen Augen sehen können, ist nicht einfach.

Meine momentane Lieblingsdefinition von Spiritualität kommt von Rainn Wilson, der den streberhaften Papierwarenhändler Dwight Schrute in der US-Fernsehserie *The Office* gespielt hat. Er schuf seine Webseite *SoulPancake* (*Spirit Taco* gab's leider schon), um, wie er sagt, »auf den großen Fragen des Lebens herumzukauen«.

Und so hat er Spiritualität vor Kurzem in einem Podcast beschrieben:

»Wir Menschen haben eine Menge gemeinsam mit Affen. Wir essen gerne Bananen, putzen und verschönern einander, verbringen viel Zeit mit der Pflege unserer Haare. Wir folgen einer Hackordnung, bilden Gruppen – und manchmal, wenn wir richtig wütend sind, werfen wir mit Fäkalien um uns.

Grundsätzlich ist nichts falsch an diesen Dingen. Doch Spiritualität ist all das, was wir nicht mit Affen gemeinsam haben. Es ist der Teil von uns, der wunderbare Kunstwerke erschafft, der inspirierende Gespräche führt, der über Sinn und Bedeutung nachdenkt, der danach strebt, für andere Menschen da zu sein.«

Wie also verbinden Sie sich mit diesem Nicht-Affen-Teil in Ihrem Inneren? Indem Sie Ihrer Lebensfreude, Ihrem Glücks-

Impuls folgen. Wenn Sie diesen Weg wählen und sich ganz der unsichtbaren Macht hingeben, die das Universum antreibt, werden Sie nicht mehr daran zweifeln, was als Nächstes zu tun ist.

Doch weil man uns genau das Gegenteil beigebracht hat (gute Noten zu bekommen; dafür zu sorgen, dass die Leute Sie mögen; nicht einfach herumspringen und vor lauter Freude am Leben wie eine wilde Möwe zu kreischen), verbringen wir unser Leben damit, uns zu fragen: *Was will Gott von mir? Was soll ich mit meinem Leben machen?* Dabei liegt die Antwort klar und deutlich vor Ihnen.

Spirituelles Kapital aufzubauen bedeutet, Kontakt mit dem aufzunehmen, was ich das Feld des Potenzials nenne. Andere nennen es Gott. Oder Buddha. Oder göttliche Intelligenz. Es ist egal, wie Sie es nennen. Wichtig ist, dass Sie es herbeirufen. Dass Sie seine immense Macht erkennen, die Sie umgehend für sich nutzen können.

Kreatives Kapital

»Freude steckt in allem und jedem, dem wir begegnen. Wir müssen nur den Mut haben, unsere gewohnte Lebensweise aufzugeben und anfangen, unkonventionell zu leben.«

– Jon Krakauer, Autor und Bergsteiger

Wie beim spirituellen Kapital gibt es auch bei dieser aufregenden Investitionsmöglichkeit keine Grenzen, weder nach oben noch nach unten. Und wir alle sind mit einem unendlichen Vorrat davon gesegnet. Wir alle besitzen die Fähigkeit, aus unserer Vorstellungskraft heraus Imperien der mannigfaltigsten Art aufzubauen. Die Musen stellen uns ein nicht enden wollendes Füllhorn an Songs, Filmen, Büchern, Erfindungen, Ideen und jeder Menge anderer fantastischer Dinge bereit, die ich hier gar nicht auflisten kann, weil sie noch nicht das Licht der Welt erblickt haben. Momentan werben sie Menschen an, diese Dinge auf der Ebene der Existenz zu manifestieren.

Das Universum braucht Ihre Hilfe, um sich immer weiter auszudehnen. Wir alle sind aufgefordert, neue Dinge ans Licht zu bringen. Eine heilige Arbeit, und wir alle sind dazu berufen.

Um Ihr kreatives Kapital anzuzapfen, müssen Sie nur Ihren inneren Signalen folgen. Sie müssen Ihr inneres Navigationsgerät benutzen, immer dem göttlichen Summen nach. Es ist das, was Sie gerne tun würden, wenn Sie das Wort *Geld* noch nie gehört hätten. Sie erkennen es, wenn Sie dieses Kribbeln merken, wenn Sie die Begeisterung und Freude in Ihrem Körper spüren.

Folgen Sie dem, was Sie am meisten begeistert, und die richtigen Personen, die richtigen Ressourcen, die richtigen Gelegenheiten werden sich ergeben.

Der mit dem Wolf tanzt, *Black or White* und *Annies Männer* sind nur einige der Filme, die ich geliebt habe, weil ein Mann namens Kevin Costner seinen inneren Signalen gefolgt ist.

Er war im vierten Jahr am Cal State-Fullerton College, als er eines Tages in einem Buchhaltungskurs saß und die College-Zeitschrift durchblätterte. Bis zu diesem Moment war seine akademische Laufbahn, nun, sagen wir mal »glanzlos« verlaufen. Ihm wurde klar, dass er nicht wirklich motiviert war und tatsächlich keine Ahnung hatte, was er mit dem Business-Diplom tun sollte, für das er sich entschieden hatte, nur weil er nicht wusste, was er nach der Highschool sonst noch tun könnte.

Und wie es sich ergab, fiel ihm auf der letzten Seite eine Anzeige auf. Die Theaterabteilung des College lud zum Vorsprechen für das Drama *Rumpelstilzchen* ein. Kevin hatte noch nie auf der Bühne gestanden (er war Baseballspieler und Mitglied des Kirchenchors), doch zu seiner Überraschung spürte er, wie er eine Gänsehaut bekam. Er wusste – mit einer Leidenschaft, die er nie zuvor gefühlt hatte –, dass er an diesem Vorsprechen teilnehmen würde.

»Ich legte die Zeitschrift aus der Hand, saß da und hörte, wie der Lehrer immer weiter redete, doch war ich auf eine Weise aufgeregt, wie ich es seit Beginn des College nicht mehr gewesen war. Ich war so aufgeregt wie ein Kind«, sagt er.

Auf dem Weg zum Vorsprechen blieb das Gaspedal seines Autos stecken, was zur Folge hatte, dass er mit 130 Sachen über die Landstraße raste. Er war sicher, dass er irgendwo einen Unfall bauen und sterben oder jemanden töten würde, oder sogar beides. Zum Glück hatte er die Geistesgegenwart, den Gang der Automatik auf Neutral zu schalten, den Motor auszuschalten und den Wagen mit quietschenden Reifen am Straßenrand zum Stehen zu bringen.

Kevin sprang aus dem Auto, über den Zaun und rannte den Rest des Weges zum Vorsprechen.

Ich würde Ihnen gerne sagen, dass seine heldenhafte Tapferkeit ihm die Rolle sicherte. Kann ich aber nicht. Wie er sagt: »Ich hatte keinerlei schauspielerische Ausbildung. Ich war einfach nicht gut.«

Aber er hatte sein kreatives Kapital gefunden. Seine Vorstellungskraft begann angesichts der sich eröffnenden Möglichkeiten zu strahlen. Er war einfach total und vollkommen begeistert!

»Bei der Buchhaltung war es mir egal, ob ich gut oder schlecht war«, sagt er. »Aber als ich das Schauspielen entdeckte, wusste ich, dass dies etwas war, was mir wichtig sein könnte.«

Er wurde zu dem Schüler, der er im College nie gewesen war. Tagsüber arbeitete er als Zimmermann und eilte anschließend bis zu drei Abende in der Woche zum Schauspielunterricht.

»Ich verliebte mich Hals über Kopf in etwas. Ich wusste nicht, ob ich davon leben könnte, aber das war mir egal. Endlich war die Unsicherheit vorbei – jetzt wusste ich, was ich mit meinem Leben machen würde.«

Abenteuer-Kapital

»Lasst uns auf die Straße gehen mit unserem chaotischen, alles andere als perfekten, wilden, mitgenommenen, wundervollen, herzzerreißenden, von Gnade erfüllten, freudigen Leben!«

– Brené Brown, Autorin von *Verletzlichkeit macht stark*

Auch bekannt als *Erfahrungs-Kapital* oder *Lass-es-krachen-Kapital* verwandelt diese unschätzbar wertvolle Anlageform jeden Tag in ein Abenteuer.

Es ist wichtig klarzustellen, dass man Abenteuer nicht nur beim Bergsteigen im Himalaya oder auf dem *Burning Man Festival* erleben kann. Sie stellen sich jedes Mal ein, wenn Sie sich bewusst entscheiden, sich an einen neuen, unbekannten Ort zu begeben, um ein bisschen Leben in die Bude zu bringen. Das kann so etwas Einfaches sein wie einen neuen Weg ins Büro zu nehmen, ein neues Gericht auf der Speisekarte zu probieren oder einfach »Ja« zu etwas zu sagen, was Sie normalerweise ablehnen.

Wenn Sie den Rahmen des Vertrauten, Ihre Komfortzone verlassen, werden Ihre Sinne wacher. Das Leben erstrahlt in neuen Farben; es scheint verlockender, aufregender, lebendiger.

Sie werden zu einem »Botschafter der Freude«, wie ich es nenne. Meine Freunde und ich verteilen bewusst Moleküle der Freude und des Glücks, wo immer wir sind. Nicht selten

bekommen wir zu hören: »Ihr seid so verdammt glücklich. Was habt ihr euch denn eingeschmissen?«
Solche öffentlichen Aktionen scheinen nebensächlich zu sein. Doch ich betrachte sie als einen Dienst am Nächsten. In unserer kosmisch verbundenen Welt ist jede Handlung ein Dienst am Nächsten. Wir alle tragen in jedem Moment zum kollektiven Bewusstsein bei.

Soziales Kapital

»Verbringe dein Leben damit, seltsame Dinge zu tun mit merkwürdigen Menschen.«

– Jerome Jarre, Social-Media-Star, Anfang 20

Erinnern Sie sich noch an Ihre Zeiten im Ferienlager? Es machte Ihnen nichts aus, dass Sie auf einer ausgelegenen Matratze schliefen oder dass jedes Essen auf Ihrem Plastiktablett irgendwie gleich aussah und schmeckte – Sie waren einfach total happy, mit Ihren Freunden jeden Tag neuen Unfug auszuhecken. Sie waren furchtlos und rannten durch Wiesen und Büsche, ohne sich über Zecken, Schnecken oder scharfe Objekte aus Metall Gedanken zu machen.
Die Zeit schien unbegrenzt, und alle schrien vor Begeisterung, wenn Sie sich untereinander eine Schlacht mit Wasserballons lieferten oder Ihrem Zimmergenossen die Haare mit Rasierschaum einschmierten.
Was machte es schon, dass Sie das Welthungerproblem nicht lösten? Sie waren einfach voll da und mit dem beschäftigt, was anstand. Ihre Freunde, Ihre Seelengefährten, waren bei Ihnen, gewieft und bereit zu jedem Unfug.
Das, meine Freunde, ist Erste-Sahne-Kapital, und viel mehr wert als jedes Aktienpaket.

Natürlich ist die Behauptung, dass wir Freunde brauchen, ein Klischee. Doch dieses überaus wichtige Kapital ist etwas völlig anderes, als einfach nur jemanden zu haben, bei dem man jammern und sich ausheulen kann. Es bedeutet, Kameraden zu haben, um sich gemeinsam zu vergnügen, leckeres Essen zu genießen, erfüllende, sinnvolle Gespräche zu führen. Denn wenn Sie in diesem Leben keinen Spaß haben, was soll dann das Ganze? Warum sich überhaupt einbringen?
Soziales Kapital bedeutet, ein Team zu haben, das Sie anfeuert und – wenn Sie darum bitten – bereit ist, Ihre verrückten Unternehmungen mitzumachen. Sie haben doch zuweilen verrückte Pläne, oder nicht? Pläne, die Welt zu retten, den Planeten auf eine neue Ebene der Freude zu bringen.
Wir alle brauchen eine wichtige Aufgabe in unserem Leben – ein Projekt, eine Mission – etwas, dass unsere Vorstellungskraft beflügelt. Ansonsten sind wir wie ein gelangweiltes Haustier, das an den Gästen hochspringt und Hausschuhe zernagt. Nur bei uns Menschen äußert sich das auf eine andere Weise. Beispielsweise indem wir Sachen kaufen, die wir nicht brauchen, mit gemeinen Kommentaren auf Blog-Posts reagieren oder davon besessen sind, ob unsere Haare zu fett sind oder nicht.
Wenn Sie Ihr natürliches soziales Kapital einsetzen, wird Ihre Mission darin bestehen, die ganz Schöpfung voranzubringen … Sie werden zu einem Werkzeug der Liebe.

TEIL III

Das Spiel beginnt!

»Heute weiß ich, dass herumzublödeln von entscheidender Bedeutung für meine Reise durchs Leben ist.«

– Cheryl Richardson, Autorin von *Sei dir wichtig: Extreme Self-Care*

6. Gehen Sie über Los und kassieren Sie Ihre Geschenke

Ein Wort (oder vielmehr ein Kapitel) von unserem Sponsor

»Hat irgendjemand auch nur die geringste Vorstellung, welche Art von Macht wir so unbekümmert anrufen? Wir sollten alle Sturzhelme tragen …, Rettungswesten und uns Signalraketen einstecken.«

– Annie Dillard, Autorin von *Pilgrim at Tinker Creek*

Ich bin mir nicht ganz sicher, wie es passiert ist, doch ich bin unabsichtlich zu einer Werbefachfrau für das Universum geworden. Der Job hat viele Vorteile, wie Sie sich vorstellen können. Doch das Beste daran ist, dass mein »Arbeitgeber« – wenn Sie diese universale Energie der Liebe als meinen »Chef« bezeichnen wollen – mich nicht dazu drängt, irgendwelche sinnlosen Produkte anzupreisen, oder so zu tun, als würde ich an irgendeinen hanebüchenen Schwachsinn glauben.

Das Universum versucht nicht, etwas zu verkaufen. Alles, was es möchte, ist *geben*. Und geben. Und noch mehr geben.

Mein Job als eine seiner vielen »Vertreterinnen« besteht darin, Sie wissen zu lassen, dass Sie *bedingungslos geliebt* werden – immer, ohne Ausnahme, egal was passiert.

Meine Aufgabe ist es zu verkünden, dass das Universum verdammt noch mal versucht, mit Ihnen zusammenzuarbeiten. Das Universum (oder Gott, oder das Feld des Potenzials, oder welchen Namen auch immer Sie dieser allgewaltigen Energie geben wollen) möchte nichts sehnlicher, als Sie mit Segnungen zu überhäufen, Sie zu führen, Ihnen dabei zu helfen, die aufregendste Version Ihrer selbst zu werden.

Und hier kommt der coole Teil an dem Ganzen. Im Gegenzug wird nicht das Geringste von Ihnen gefordert. Sie müssen sich diesen Gefallen nicht verdienen. Sie müssen auch keinen Coupon einreichen. Sie müssen nur die »Realität« loslassen, von der Sie in den Nachrichten gehört haben. Sie müssen nur Raum in Ihrem Bewusstsein schaffen, damit das Universum hereinkommen kann. Sie müssen aufhören, gegen das Leben zu kämpfen und es einfach so lassen, wie es ist.

Nicht nur ist die alte Realität so passé wie der Bump (ein Tanz – für diejenigen unter Ihnen, die die Disco-Ära nicht miterlebt haben), sie ist fehlerhaft und schuld daran, dass Ihnen die tollsten und abgefahrensten Dinge entgehen.

Sie müssen mir nicht glauben. Während der nächsten 30 Tage werden Ihnen vier atemberaubende Gaben anvertraut, die Ihnen zeigen, wie viel Sie versäumt haben, weil Sie so verzweifelt an Ihrer »falschen Realität« festhalten.

Wir schenken der materiellen Welt weit mehr Bedeutung, als sie verdient

»Wir sind nicht nur verantwortlich für das, was wir tun, sondern auch für das, was wir sehen.«

– Michael Herr, Autor von *Dispatches*

Es ist ein echt schöner Job, im Namen des Universums zu sprechen. Und man sollte meinen, dass ich kein Problem habe, diese absolut umwerfenden Nachrichten zu »verkaufen« – wenn es da nicht diese eine kleine Sache geben würde.

Die meisten von uns hier auf dem Planeten Erde vertrauen nur dem, was wir mit unseren fünf Sinnen wahrnehmen. Wir tun dies kontinuierlich, obwohl die Wissenschaft wieder und wieder bewiesen hat, dass unsere fünf Sinne nicht zu übersehende Schönheitsfehler aufweisen.

Doch wir glauben den zuvor erwähnten Stimmen in unserem Kopf.

Anstatt tiefer zu schauen, anstatt sich auf etwas zu verlassen, das tatsächlich funktioniert, glauben wir dem Unsinn, der durch unsere Gehirne wabert. Wir nennen diese verrückten Stimmen »Realität«.

Doch die Realität, die wir in den letzten 6000 Jahren gelebt haben, ist nichts anderes als ein Produkt unserer Einbildungskraft und kann jederzeit geändert werden.

Lassen Sie mich diesen letzten Satz noch mal wiederholen. Die materielle Wirklichkeit, in die Sie so viel investiert haben, *kann jederzeit geändert werden.*

Sobald Sie sich auf einer anderen Frequenz befinden, der Frequenz der Freude und Dankbarkeit, wird sich alles in Ihrem Leben von Grund auf wandeln. Dinge werden passieren, die Sie nie für möglich gehalten hätten. Wahrscheinlich werden Sie

mir sogar eine E-Mail schicken, die ungefähr so anfängt: »Sie werden nicht glauben, was mir passiert ist!«
Aus diesem Grund wurde ich beauftragt, den Lesern dieses Buches vier kostenlose Geschenke anzubieten.
Jedes dieser Geschenke des Universums ist eine Sonderanfertigung nur für Sie. Daher kann ich nicht genau versprechen, wie Ihr Geschenk aussehen wird. Aber eins kann ich Ihnen garantieren: Wenn Sie sich auf die Frequenz der Dankbarkeit begeben, die in diesem Buch beschrieben wird, werden Sie die folgenden vier Gaben empfangen.

1. Ein persönliches Symbol, ein Totem, ein Zeichen, dass das Universum Ihnen den Rücken freihält

Sie werden merken, dass dieses Symbol immer dann auftaucht, wenn Sie eine Zusicherung oder Führung brauchen, wenn es darum geht, Ihre persönliche Geschichte neu zu schreiben. Es ist ein Hinweis, ein Wink, ein zustimmendes Nicken, um Ihnen zu bestätigen, dass Sie auf dem richtigen Weg sind.
Diejenigen unter uns, die darauf achten, werden erkennen, dass das Universum uns ständig Zeichen schickt und uns wissen lässt: *Hey, alles wird gut sein. Du bist völlig in Ordnung.*
Papst Franziskus sagt, dass er immer dann, wenn er bekümmert ist oder Trost braucht, eine weiße Rose sieht. Das ist sein persönliches Zeichen, direkt vom Boss. Meine Freundin Annola sieht in solchen Momenten stets einen Kranich.
Segnungen und Zeichen wie diese hören nie auf. Leider achten die meisten von uns nicht darauf, gefangen wie wir sind in unserer alten Schwingung. Wir sind zu abgelenkt und folgen stattdessen den alten Drehbüchern und Konstrukten, die wir fälschlicherweise geschaffen haben, damit sie uns als Realität dienen. Auf dieser neuen Frequenz, der Wellenlänge von Freude und Dankbarkeit, nehmen wir zunehmend ein nie endendes Fließen wundervoller Großzügigkeit wahr.

2. Eine magische Gabe aus der Welt der Natur

Dieses Geschenk kann ein Baum sein, oder ein Vogel, der am Himmel kreist, oder die nebelhafte Schönheit der Milchstraße in einer klaren Nacht. Wenn Sie empfänglich werden für die Schönheit, die Freude und die aufregende Lebendigkeit der Natur, sind Sie von einem Moment auf den anderen frei von den Einschränkungen der menschlichen Existenz.

Rachel Carson nannte dies »ein Gefühl des Staunens« und sagte weiter: »Es ist ein unfehlbares und unerschöpfliches Gegenmittel zu Langeweile und der sterilen Beschäftigung mit Dingen, die künstlich sind, der Entfremdung von den Quellen unserer wahren Kraft.«

Dankbarerweise kann ich Frau Carson berichten, dass die Welt der Natur, die sie so liebte, einen Zahn zulegt und Überstunden macht, um unsere Aufmerksamkeit zu erlangen. Und anders als Aladins Geist in der Flasche, der nur drei Wünsche erfüllen konnte, segnet die Natur uns ständig, Tag für Tag.

Nachdem der Einsatz in Vietnam für den früheren US-Marine Scott Harrison (sein Knie wurde nach sieben Monaten Dienst an der Front von einer Granate zertrümmert) abrupt endete, wurde er auf dem Luftweg direkt von der Front in ein Amerika transportiert, das – wie er es ausdrückt – »einem Soldaten nicht in die Augen sah«.

Um mit dem Ganzen klarzukommen, trank er, nahm Drogen, zog sich von allen zurück und emigrierte schließlich nach San José, wo er auf einer Bootswerft arbeitete.

In seinem kontinuierlichen Bemühen, Kontakt mit Menschen zu vermeiden, baute er sich einen Segelschoner, mit dem er alleine weit in den Pazifischen Ozean hinaus segelte. Er drehte völlig durch, heulte vor Trauer und Reue und hoffte auf einen großen Sturm, der sein Boot kentern lassen und ihn von seinem Elend erlösen würde.

Stattdessen tauchte am achten Tag auf dem Meer ein zehn Meter langer Wal neben seinem Boot auf und sah ihm direkt in die Augen. Ungefähr drei bis vier Stunden lang schwamm der Wal neben ihm her.
Aus Gründen, von denen Harrison sagt, dass er sie nicht erklären kann, »gab mir der Wal das Gefühl, auf eine Weise geliebt zu werden, die ich nie zuvor erlebt hatte«.
Er hörte die Botschaft laut und deutlich: »Du gehörst unter die Lebenden.«

3. Eine Botschaft aus dem »Jenseits«

… oder was wir fälschlicherweise die andere Seite nennen. In Wahrheit gibt es keine »andere Seite«. Es gibt nur die Seite, die uns unser Glaubenssystem zu sehen erlaubt. Und die Seite, die unserer Ansicht nach mysteriös und/oder übernatürlich ist. Die Seite, die wir ausgeblendet haben, als wir die »Das Leben ist schwer«-Frequenz wählten.
Für manche kann der Briefträger zum Engel werden. Andere bekommen vielleicht eine deutliche Nachricht von einem lieben Verstorbenen. Oder hören Botschaften von einer körperlosen Wesenheit, die sich ohne die Einschränkungen von Sodbrennen, Fettpölsterchen und anderen körperlichen Gebrechen fröhlich im Quanten-Paradies tummelt.
Wie auch immer, Sie werden sehen, dass Sie aus verschiedenen Dimensionen eine ungeheure Menge an Unterstützung erhalten werden, die Sie bisher mit Ihrem Glauben, dass es nichts anderes als die materielle Welt gibt, blockiert haben.
Aufgrund unserer hartnäckigen Überzeugung, dass wir einen Körper brauchen, um zu kommunizieren, entgehen uns viele coole Botschaften unserer körperlosen Freunde. Diese haben, einfach ausgedrückt, eine wesentlich umfassendere Perspektive. Sie sind der Echokammer der Angst entkommen, in die wir uns auf der materiellen Ebene so häufig verirren.

Wenn der Vater meiner Freundin Annola zu ihr durchkommen will, schaltet er den Fernseher ihrer Tochter aus, die genau in der Woche geboren wurde, als er starb. Ich könnte mir vorstellen, dass dieses Verhalten störend ist, wenn Sie sich gerade den *Tatort* anschauen. Doch Sie müssen zugeben – es ist schwer, ihn auf diese Weise zu ignorieren.

Der Bruder meiner Freundin Cindy, der als junger Mann starb, schickt regelmäßig Botschaften, die – wenn man das Leben nicht aus der beschränkten Sichtweise des Körpers betrachtet – wesentlich klarer und liebevoller sind als jene, die sie vielleicht von einem noch lebenden Freund bekommen würde.

Sie sagte, dass zu Beginn ihre intensive Trauer seine Bemühungen verhinderte, mit ihr zu kommunizieren … obwohl sie in ihrer Kindheit einen Pakt geschlossen hatten, dass derjenige, der zuerst ging, zurückkommen würde, um Hallo zu sagen.

Dann kam der Tag, als sie ihm sagte: »Also weißt du, es wäre viel leichter, wenn du dich ganz klar und deutlich bemerkbar machen könntest – zum Beispiel indem du elektronische Geräte benutzt?«

Ein paar Tage später war sie im Souterrain und legte Wäsche zusammen, als sie von oben laute Musik hörte. Sie war irritiert und fragte sich, was um alles in der Welt ihr Mann da oben machte. Er kam ihr auf dem Flur entgegen, und auch er war auf dem Weg in Richtung Badezimmer, aus der die extrem laute Musik kam. Eine ohrenbetäubende Version eines der Lieblingssongs ihres Bruders lief im Radio, das sie als Dekoration ins Badezimmer gestellt hatten.

Das Verrückteste an der Sache ist, dass das seit Jahren unbenutzte Radio keine Batterien hatte.

4. Ein klares Zeichen, dass etwas, das Sie lange als unumstößliche Tatsache angesehen haben, mitnichten real ist

Nehmen wir zum Beispiel Geld. Einer sehr beliebten »unumstößlichen Tatsache« zufolge ist Geld nur in beschränktem Maß vorhanden und schwer zu kriegen. Vor zwanzig Jahren, als ich beschloss, an einem 1500 Dollar teuren Seminar in Cape Cod teilzunehmen, schrieb ich hier und da auf freiberuflicher Basis vor mich hin. Die meisten Leute würden das eher als arbeitslos bezeichnen. Ich hatte ungefähr 59 Dollar auf meinem Konto.

Ich entschied mich für das Seminar, obwohl die Reaktionen von drei Freunden, denen ich dummerweise davon erzählt hatte, ungefähr so lauteten:

- »Träum' weiter!«
- »Pustekuchen.«
- »Wenn Schweine fliegen lernen.«

Doch ich weiß nun mal, dass das Universum mit allen Wassern gewaschen ist, also überwies ich die erforderliche Anzahlung von 50 Dollar. Wenn man satte 59 Dollar auf dem Konto hat, glaubt man eher nicht, dass man in der Lage ist, mit Geld umgehen zu können. Ich hatte keine Wahl, als mich von der »unumstößlichen Tatsache« zu verabschieden, dass ich mir das Seminar nicht leisten konnte.

Am gleichen Abend, als ich meine Anzahlung überwies, rief mich eine Frau, die ich kaum kannte, wegen eines Projektes für ihre neue Firma an. Sie wollte einen Artikel für ein Magazin über die Stoff-Prothesen, die sie für Brustkrebs-Patientinnen entwickelt hatte.

In nur zwei Stunden hatte ich den Artikel fertig; die Veröffentlichung brachte der Unternehmerin fast eine Viertelmillion Dollar ein, und ich fragte mich: *Warum habe ich nicht lieber einen prozentualen Anteil anstatt einer einmaligen Summe in Rechnung gestellt?* Doch die 2000 Dollar, die sie mir zahlte, war exakt die Summe, die ich für das Seminar brauchte, und das Flugticket, um dorthin zu kommen.

Ich bin froh, berichten zu können, dass ich der Versuchung widerstand, meine Freunde anzurufen und zu sagen: »Ha! Und was sagt Ihr jetzt?!?« Selbst wenn ich ihnen gegenüber wohl hier und da beiläufig das Goethe-Zitat, dass Dreistigkeit »Genie, Macht und Magie« besitzt, erwähnt habe …

Ein anderes Beispiel, dass das Leben nicht schablonenhaft festgelegt ist, stammt von Deepak Chopra. Oder vielmehr seiner Assistentin, die irgendwann verzweifelt versuchte, ihn zu erreichen. Unglücklicherweise war er in Afrika, in einem Gebiet, in dem es weder Telefonverbindung noch Internet noch all die anderen Geräte gab, die nötig sind, damit wir mit anderen kommunizieren können. An diesem Punkt würden die meisten Menschen die »unumstößliche Tatsache« akzeptieren, dass er nicht ans Netz angeschlossen und daher unerreichbar war. Stattdessen benutzte seine Assistentin jedoch das, was ich das »101-Dalmatiner-Prinzip« nenne, das besagt, dass wir durch ein unsichtbares Energiefeld mit allem und jedem vernetzt sind.

Sie begann, diese Botschaft auszusenden: »Deepak, es ist wirklich unbedingt nötig, dass du mich anrufst. Deepak, ruf mich jetzt an!«

Ich bin sicher, Sie können sich das Ende der Geschichte vorstellen: Innerhalb weniger Stunden rief Deepak an.

Wer glaube ich denn, dass ich bin – der Weihnachtsmann?

»Das Wunder der Dankbarkeit verändert deine Perspektive in einem solchen Maß, dass es die Welt verändert, die du siehst.«

– Robert Holden, Glücks-Experte

Sie fragen sich wahrscheinlich, wie ich so tollkühn sein kann, all diese Sonderzulagen des Universums zu versprechen. Wie kann ich sicher sein, dass sich diese Geschenke tatsächlich einstellen werden?

Der Grund, warum ich so vertrauensvoll und unbekümmert diese Verspechen geben kann, ist, dass alle diese Geschenke und Segnungen bereits verfügbar sind, bereits vor Ihrer Tür in einer Reihe aufgestellt. Diese Liebesbriefe des Universums warten darauf, von Ihnen wahrgenommen zu werden; warten darauf, dass Sie sie annehmen.

Und nein, Sie haben wahrscheinlich nicht Kim Kardashians prächtigen Popo. Oder Cristiano Ronaldos Pokal-Sammlung. Aber Sie haben jede Menge andere Dinge. Mir dünkt, es ist Zeit, die Sache lockerer anzugehen. Vergnügen Sie sich! Hören Sie auf, das zu wollen, was Sie nicht haben. Und fangen Sie an, alles zu lieben, was Sie tun.

Ihr erster *Sei dankbar und werde reich*-Einkommensbericht

»Decken Sie alle fünf Bereiche ab und Sie haben ein Portfolio, mit dem Sie immer und überall bestehen können.«

– Jim Cramer, Moderator von *Mad Money*

Wie jeder Portfolio-Manager Ihnen sagen wird: Ihre Investitionen breit aufzustellen, ist die beste Langzeit-Strategie. Fangen wir mit einer Momentaufnahme dessen an, wo Sie heute stehen. Auf diese Weise können wir Leistung und Gewinn Ihrer Aktivposten im Zeitraum des 30-Tage-Experiments verfolgen.

Unter Anwendung der Definition für jede der Investitionsmöglichkeiten, die wir in Kapitel 5 besprochen haben, stufen Sie bitte Ihren momentanen Marktwert ein, indem Sie einen Kreis um eine Zahl auf der Skala von 1 bis 10 ziehen. Wenn Sie zum Beispiel das Gefühl haben, dass Ihr kreatives Kapital auf Hochtouren läuft und Meisterwerke hervorbringt, kreisen Sie die 10 ein. Wenn andererseits Ihr spirituelles Kapital zu wünschen übrig lässt, geben Sie ihm vielleicht eine 2 oder 3.

Los geht's!

Heutiges Datum: ______________________

LIEBE

80.9 + 5-6 (6.92%)

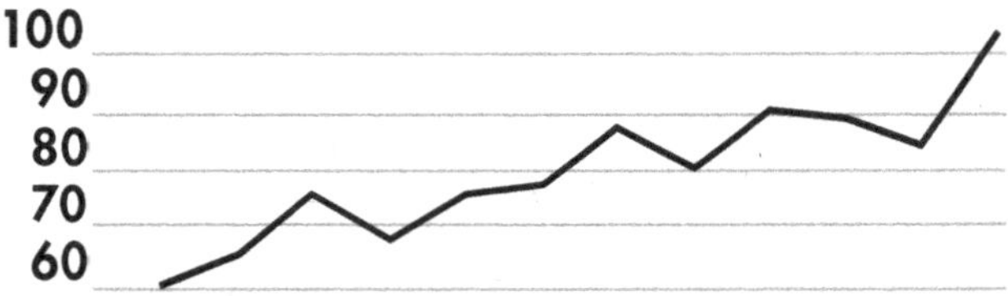

URSPRÜNGLICHE VORLEISTUNGEN

Alchemistisches Kapital:	1	2	3	4	5	6	7	8	9	10
Spirituelles Kapital:	1	2	3	4	5	6	7	8	9	10
Kreatives Kapital:	1	2	3	4	5	6	7	8	9	10
Soziales Kapital:	1	2	3	4	5	6	7	8	9	10
Abenteuer-Kapital:	1	2	3	4	5	6	7	8	9	10

Projizierte Kapitalerträge

(auch bekannt als: Kostenlose Geschenke)

Persönliches Totem oder Symbol: ____________________

Gaben aus der Welt der Natur: ____________________

Botschaften von der anderen Seite: ____________________

Zerschmetterte »unumstößliche Tatsachen«: ____________

Teilen Sie Ihre Geschenke mit anderen – im wahrsten Sinne des Wortes

Zusätzlich zu Ihrem persönlichen Einkommensbericht hoffe ich, dass Sie zur *Sei dankbar und werde reich*-Instagram-Gemeinde hinübertanzen. Ich hoffe, Sie werden Ihre Geschenke teilen (buchstäblich), indem Sie zum Beispiel Fotos von Ihrem Totem oder Ihrer Gabe aus dem Reich der Natur posten. Ich habe entdeckt, dass wir Kraft gewinnen, wenn wir uns innerhalb einer Gruppe austauschen, die ich »Potenzial-Gangs« nenne. Wie es bei den *Muppets* so schön heißt: »Selbst Verrückte können eine Familie sein.« Natürlich sind wir nur Verrückte, weil wir den Vorgaben der Gesellschaft trotzen. Wir sind die Zeugen dafür, dass Wunder an der Tagesordnung sind, sobald wir uns auf die richtige Frequenz einstellen. Die Medien bieten uns in ihren Nachrichten *eine* Story, *eine* Wahrheit. Dabei, und das werden wir hier beweisen, gibt es eine Fantastillion anderer. Wahre Spiritualität wird immer ein Teamsport sein.

https://www.instagram.com/thankandgrowrich
#T&GRtotem
#T&GRnaturalbling
#T&GRmessage
#T&GRshatteredfact

7. Das einzige Partyspiel, das Sie wirklich brauchen

»Werfen Sie die mürrische, zerknitterte Halluzination über Bord, die fälschlicherweise als Realität bezeichnet wird.«

– ROB BREZSNY, Astrologe

Tesla Motors hat vor Kurzem eine neue Autopilot-Funktion in seinen Automobilen der S- und X-Serien vorgestellt. Mithilfe von zwölf Ultraschallsensoren, einer Windschutzscheibenkamera und Langstrecken-Radar erlaubt diese neumodische Technologie Fahrern, sich im Grunde genommen zurückzulehnen und den Wagen die Hauptarbeit machen zu lassen. Meine Freundin Cindy berichtete nach einer Testfahrt in Kansas City, dass es – genau wie im Leben – eine immense Herausforderung ist, die Hände vom Steuer zu nehmen.

Wenn das Fahren ohne Hände auch seine gelegentlichen Vorteile hat, löst es gleichzeitig einen schrillen Alarm in Ihrem Gehirn aus.

Schließlich hat man uns beigebracht, dass es unsere Aufgabe ist, unseren Blick ständig nervös auf die Windschutzscheibe zu richten. Dass wir alleine herausfinden müssen, was es mit dem Leben auf sich hat, dass wir immer und jederzeit wachsam nach drohenden Gefahren Ausschau halten müssen.

Die meisten von uns glauben, dass wir nicht nur unsere Augen ständig für potenzielle Probleme offen halten müssen, sondern

sobald wir sie erspäht haben, uns einen Ausweg überlegen müssen. Wir glauben, dass wir nur unser Hirn genügend anstrengen müssen, um eine Lösung für alles zu finden, was uns Sorgen bereitet.
Doch was ist, wenn das Leben in Wahrheit besser funktioniert, sobald wir aufhören, uns so fest ans Steuer zu klammern? Was ist, wenn diese Probleme, die wir mit allen Mitteln zu lösen versuchen, in Wahrheit gar nicht existieren?

Hören Sie auf zu denken – fangen Sie an zu danken

»Ich denke und denke und denke – ich habe mich unzählige Male aus dem Glück herausgedacht, aber noch nie hinein.«

– Jonathan Safran Foer, Autor von *Alles ist erleuchtet*

Auf meiner Suche, mich selbst »zu heilen«, habe ich Therapien gemacht, meine Träume analysiert, verletzende Briefe an meine Eltern geschrieben, bin über glühende Kohlen gelaufen und habe Hunderte von Selbsthilfebüchern gelesen. Vielleicht sogar Tausende.
Man sollte denken, dass ich mittlerweile mit Oprah Winfrey befreundet bin. Doch erst als ich mir die einfache Übung der Dankbarkeit angewöhnt hatte, bekam ich endlich, wonach ich all diese Jahre gesucht hatte.
Der Grund, warum ich diese Übung, die in der einen oder anderen Form seit Tausenden von Jahren bekannt ist (sogar in der Bibel steht: »Seid dankbar in allen Dingen«) lange Zeit eher mit leiser Verachtung betrachtet habe, ist, dass sie mir … nun ja, viel *zu leicht* schien. »Glücklich« zu werden kann doch nicht so leicht sein. Oder?

Man hatte mich gelehrt, dass die einzige Möglichkeit, »mich selbst zu heilen«, darin bestand, dass ich meine Strafe annahm, meine dunklen Geheimnisse schonungslos ans Licht holte. Man hatte mich gelehrt, dass ich – wenn ich mich nur genug anstrengte – es irgendwann »begreifen« würde. Was immer »es« sein mochte.

Ich versuchte, meinen Weg aus Problemen herauszudenken. Ich versuchte zu analysieren, was bei mir falsch lief.

Ich hatte keine Ahnung, dass mein Denken nichts als eine Falle war, ein Gefängnis, in dem ich in Einzelhaft vor mich hin schmorte.

Erst als ich begann, mir bewusst alle meine Segnungen vor Augen zu halten, dämmerte mir: *Alles ist total perfekt, so wie es ist. Ich bin total perfekt, so wie ich bin.*

Ich nenne das »auf der Frequenz der Freude und Dankbarkeit« sein, sich auf die göttliche Energie einzustimmen. Diese Energie, wenn auch unter vielen anderen Namen bekannt, ist der energetische *Cha-Cha-Cha* einer Macht, die mit Ihnen interagieren und Spaß haben will.

Falls sich das alles irgendwie vage anhört, warten Sie einen Moment. Es gibt eine sehr konkrete Übung, um sich mit der göttlichen Energie zu verbinden. Ich nenne es *AA 2.0.* Anders als beim 12-Schritte-Programm und den regelmäßigen Treffen der ursprünglichen AA (Anonyme Alkoholiker), besteht diese Übung aus zwei einfachen Schritten, die höchstens fünf Minuten am Morgen in Anspruch nehmen.

Die Sache ist so einfach, dass Sie vielleicht versucht sein werden, ihre Wirksamkeit zu unterschätzen. Bitte tun Sie das nicht.

Die göttliche Energie ist in Wahrheit Ihr natürlicher Zustand. Wie ich schon sagte, es ist die Frequenz, auf der Wunder passieren.

Die allseits bekannte spirituelle Lehrerin Byron Katie lehrt eine Methode der Selbstbefragung, die sie »The Work« nennt. Meine Methode? Nennen wir sie doch einfach »The Game«.

PARTYSPIEL NR. 1

AA 2.0

»Freude ist der unwiderlegbare Beweis für die Existenz Gottes.«

– seit Jahren Notiz auf Stephen Colberts Computer

Als ich anfing, mich auf das zu fokussieren, was funktionieren könnte (anstatt auf die gängigere Sichtweise, die CNN und ABC anpreisen), stellte ich fest, dass meine sogenannten Probleme dazu neigten, sich selbst zu lösen. Ich entdeckte, dass mein Leben umso besser funktionierte, je weniger ich tat.

Je mehr ich mich mit der unsichtbaren Ebene der Güte, Freude und Schönheit identifizierte, desto froher und glücklicher wurde ich. Je weniger ich plante, desto mehr Magie kam in mein Leben.

Planen basiert von Natur aus auf dem, was wir wissen. Wir können zum Beispiel nicht für *Firturjelsk* planen. Oder um *Wemerk* bitten.

Warum?

Weil unsere Erbsengehirne nie davon gehört haben.

Die unsichtbare Ebene bietet einen wesentlich umfassenderen Blickwinkel; wenn wir also anfangen, unseren Fokus auf alles zu richten, was gut ist, kommt die Sache ins Rollen, und wir machen eine wundervolle Erfahrung nach der anderen.

Ich begann diese supereinfache Dankbarkeits-Kur unmittelbar vor dem Erscheinen von *E²*. Ich erwähnte sie bei einem meiner ersten Radio-Interviews. Eher augenzwinkernd nannte ich sie AA 2.0, angelehnt an das ursprüngliche 12-Schritte-Programm der Anonymen Alkoholiker (AA).

Diese Übung ist der Katalysator für dieses Buch, und das Einzige, was Sie während dieses 30-tägigen Experiments unbedingt befolgen müssen.
Hier ist mein Blog-Post, den ich nach dem Interview geschrieben habe:

Mein Name ist Pam G., und ich bin ein Freude- und Glücks-Freak. Um das zu zelebrieren, habe ich ein brandneues Kapitel von AA lanciert.
Anders als die Version 1.0 steht mein AA für »Absolut Außergewöhnlich«, und es gibt nur zwei Schritte:

- **Schritt Nr. 1: Lassen Sie es zu, dass Sie »heute etwas umwerfend Großartiges erleben«.** Das Erste, was Sie morgens tun, bevor Sie die Bettdecke zurückwerfen, bevor Sie aus dem Bett springen, bevor Sie die Kaffeemaschine anschmeißen: Lassen Sie die Welt wissen, dass Ihnen heute etwas Unerwartetes, Aufregendes und *erstaunlich Großartiges* über den Weg laufen wird.
  Das dürfte nicht mehr als drei oder vier Sekunden in Anspruch nehmen. Doch ist es eins der wichtigsten Dinge, die ich jeden Morgen tue. Die ersten paar Minuten des Tages machen den Weg frei für positive Erfahrungen innerhalb der nächsten 24 Stunden. Ich schaffe so eine machtvolle Absicht, treffe eine Vorhersage, auf die ich meinen Fokus richte.
  Und es funktioniert immer.

- **Schritt Nr. 2: Beginnen Sie an Segnungen und Wunder zu glauben.** Tun Sie so, als wären Sie ein Privatdetektiv, der den Auftrag hat, all die Schönheit und Großzügigkeit in der Welt zu finden. Der vorherrschenden Denkweise zufolge sind wir von Mangel umgeben, doch wenn Sie es regelmäßig

> üben, wird dieses Ritual Ihnen erlauben, die Dinge in einem völlig anderen Licht zu sehen. Anstatt nach Problemen zu suchen, sind Sie auf der Jagd nach Segnungen, die überall auf Sie warten.

Um sicherzugehen, dass Sie in Ihrem Denken nicht wieder in das altbekannte Muster zurückfallen, texten (oder tweeten oder posten Sie auf Facebook oder Instagram) jeden Morgen drei Segnungen, die Ihnen widerfahren sind. Die einzige Bedingung ist, dass auf der Liste jeden Tag andere Segnungen stehen müssen.

Ich vergleiche mich oft mit der Lewis-und-Clark-Expedition, die ein wichtiges neues Territorium erkundet.

Weil wir vom Leben das bekommen, worauf wir uns fokussieren, hat die regelmäßige Übung dieser beiden einfachen Schritte mein Leben radikal verändert. Es wird auch Ihres verändern.

Versuchen Sie es täglich bis zum Ende des 30-Tage-Experiments. Wenn Sie möchten, können Sie es ein bisschen verändern. Zum Beispiel indem Sie sagen: »Heute werde ich etwas Magisches erleben.«

Doch jeden Morgen, egal wie Sie sich fühlen, egal was passiert, sagen Sie Ihren Satz (wenn Sie möchten, können Sie dabei die Faust ballen) und texten einer Gruppe von Freunden drei segensreiche Erlebnisse (jedes Mal was Neues, keine Wiederholungen). Schicken Sie sie Ihrer Mutter, wenn es sein muss. Oder schreiben Sie sie auf. Aber bitte keine Wiederholungen.

Eine schnelle Demonstration

»Nimm jede Minute als ein nicht wiederholbares Wunder wahr.«

– Storm Jameson, Journalist

Ich bin Reiseautorin (über das Reisen zu schreiben, ist eine der umwerfend großartigen Sachen, die zu tun ich das Vergnügen habe). Um die Sache mit den segensreichen Erlebnissen mal kurz zu demonstrieren, zeige ich Ihnen die Texte, die ich während eines kürzlich erlebten Abenteuers in Belize gepostet habe:

- *Donnerstag:* Angenehmer pünktlicher Flug; übernachte in einem ca. 3000 Hektar großen Naturreservat im Regenwald; und trinke argentinischen Wein mit dem südafrikanischen Manager des Resorts.
- *Freitag:* Erkunde eine 3000 Jahre alte Maya-Stätte; Brüllaffen, die sich wie die Dinos in *Jurassic Park* anhören; meinen Lieblingshut im letzten Moment gerettet, bevor er einen 600 Meter tiefen Wasserfall runtersegeln konnte.
- *Samstag:* Bin einen Meter entfernt von einer Karettschildkröte geschwommen; habe Zitronenhaie, Barrakudas und einen riesigen Schwarm blauer Doktorfische gesehen; und wurde eingeladen, das karibische Fußballfinale in einer TV-Außenübertragung zu sehen und mir dabei frisch gefangenen, gegrillten Hummer schmecken zu lassen.
- *Sonntag:* Reiher und Pelikane bei meinem morgendlichen Strandspaziergang; einen Strauß Mimosen und ein dickes Eis vor meinem 10-Uhr-Flug; 30 Minuten früher als erwartet zu Hause angekommen.

8. Das Wahrheits-und-Fröhlichkeits-Punktspiel nebst Spielzeugkiste

»Wirble in deinen Tanzschuhen durchs Leben.«

– The Way of Mastery

Wenn wir Buchmanuskripte eingereicht haben, hoffen wir Schreiberlinge stets inbrünstig, dass unsere Lektoren umgehend anrufen und überschwänglich ihre Bewunderung für unsere brillanten Ergüsse kundtun. Je schneller, desto besser, wenn es nach uns ginge. Denn bis zu jenem Moment neigen wir dazu, uns mit unserer kreativen Vorstellungskraft wilde und peinliche Geschichten auszudenken, wie die Lektoren mit letzter Kraft über ihrem Schreibtischrand hängen und in ihre Papierkörbe kotzen. Wir lesen die Stellenanzeigen durch, suchen nach einer Erwerbstätigkeit, nachdem jetzt das Geheimnis über unseren eklatanten Mangel an Talent für alle sonnenklar ist.

Bei diesem Buch war es nicht anders. Drei Ewigkeiten später, als meine Lektorin sich endlich bei mir meldete, hatte sie nur eine Hauptsorge: »Das Buch braucht mehr praktische Übungen.«

Sie wollte Schritte, die der Leser anwenden kann, um den Extremsport der Dankbarkeit in die Tat umzusetzen. Schritte (7 Schritte zum Glück, 8 Schritte zum Reichtum, 18 Schritte, um den Funky-Chicken-Dance zu lernen) und Verlage von

Lebenshilfebüchern gehören, wie ich gelernt habe, zusammen wie Hipster und Hornbrillen.
Am Anfang zögerte ich, dieser Empfehlung nachzukommen. Mein Standpunkt war, dass es nur *einen* Schritt gibt. Egal was Sie zu erreichen hoffen, egal was Sie zu lernen versuchen: Ein Schritt! Das reicht!

1. Begeben Sie sich auf die Frequenz der Dankbarkeit, der Offenheit, der Weite.
2. Folgen Sie dem, was kommt.

Genug gesagt – jedenfalls dachte ich das

»Es gibt Schlechtes, und es gibt Gutes … Und dann gibt es noch verdammt *Gutes.«*

– Steve Chandler, Autor von mehreren Dutzend Lebenshilfebüchern

Ungefähr zu dem Zeitpunkt, als mir meine Lektorin ihre Bemerkungen zum Manuskript schickte, bekam ich schon die ersten E-Mails von interessierten Lesern.
»Mir gefällt das, was Sie sagen«, schrieben sie, »aber wie komme ich dahin? Wie kann ich diese Frequenz erreichen? Sagen Sie es mir, bitte, bitte, bitte!«
Aha, jetzt verstehe ich: Weitere Details sind nötig.
Doch kann ich mich einfach nicht dazu durchringen, Übungen anzubieten. Oder Schritte. Hört sich einfach nach zu viel Arbeit an.
Ich hatte immer das Gefühl, dass meine Gabe darin liegt, Geschichten zu erzählen, die Menschen inspirieren und ermutigen, sich einer umfassenderen Realität zu öffnen. Das Letzte, für das ich mich qualifiziert fühlte, war, den Leuten zu sagen,

wie sie irgendwas tun sollten. Wie Cheryl Strayed in ihrem Buch *Brave Enough* sagte: »Ich versuche nicht, Ihr Boss zu sein. Ich versuche, mir selbst ein besserer Boss zu sein.« Bestenfalls ist meine Arbeit richtungsweisend. Also biete ich an Stelle von Übungen (befolgt überhaupt irgendjemand die Übungen aus Lebenshilfebüchern?) *Partyspiele* an. Das erste habe ich bereits vorgestellt. Jedes Spiel wird begleitet von einem *Partygeschenk* (eine der Geschichten, die ich gerne erzähle). Als *Nachtisch* serviere ich zudem den Erfahrungsbericht einer realen Person, die sich auf die göttliche Frequenz eingestimmt und ein aufsehenerregendes Geschenk erhalten hat. Wie ich immer gerne sage, wenn es einer tun kann, können wir es alle tun.

Spielen Sie diese Spiele in dem Ihnen gemäßen Tempo. Auf Ihre eigene Weise. Was auch bedeuten kann, dass Sie sie komplett ignorieren. Die einzige Bedingung für das Einstimmen auf die Frequenz der Freude und Dankbarkeit, für den Aufbau Ihres *Sei dankbar und werde reich*-Portfolios, ist das fünfminütige *AA 2.0* am Morgen.

9. »Sie sind Pirat. Ich Außerirdischer. Los geht's!«

26 weitere Partyspiele

»Carpe the f%k out of this diem.«*

– Spruch auf meinen Lieblingswintersocken

Fühlen Sie sich frei, diesen Abschnitt je nach Bedarf zu benutzen. Oder, falls Sie so drauf sind wie ich und es Ihnen Freude macht, jede Menge Partyspiele in Ihrem Regal stehen zu haben, warum nicht einfach bei der *Sei dankbar und werde reich*-Schnitzeljagd mitmachen? Jedes der folgenden Spiele enthält den Vorschlag, ein S&F (soll heißen »Selfie & Freunde«) zu machen, das wir alle liebend gerne auf Instagram und/oder Facebook sehen und loben würden.
Die einzige Regel? Es soll Spaß machen.

Alchemistisches Kapital ansammeln

»Die Glückseligkeit, die Weisheit, die Kreativität, das Lachen, die Freundschaften, die Freude, die Heiterkeit und der Frieden, die Sie die meiste Zeit über als einen unerreichbaren Traum betrachtet haben – dies alles wird zu Ihrem ganz normalen Daseinszustand.«

– The Way of Mastery

Mehr als jedes andere Buch über Dankbarkeit ist dies ein Buch über den Klimawandel. Über den Wandel des Klimas Ihres Energiefeldes, die Veredelung der Resonanz, durch die Sie die Welt wahrnehmen.

Dankbarkeit zu üben ist mehr, als eine Liste aufzuschreiben: Es bedeutet, Alchemie zu praktizieren. Das Gute im Leben zu sehen, verändert buchstäblich alles. Physisch. Finanziell. Mental. Emotional. Es reorganisiert im wahrsten Sinne des Wortes Atome und konfiguriert das Physische neu.

Zyniker ignorieren Dankbarkeit gerne, deklassieren sie als süßlich, nett, eher was für naive, unverbesserliche Optimisten oder Dummköpfe.

Was mich betrifft, ich habe entdeckt, dass auf der Frequenz der Freude und Dankbarkeit zu leben *umwälzende* Nachwirkungen zur Folge hat.

PARTYSPIEL NR. 2

Machen Sie eine Liste mit all den irre schönen Dingen, die Sie bereits haben

»Ich kann den Wunsch nach einer Million Dollar verstehen, doch sobald Sie wesentlich mehr haben, muss ich Ihnen sagen: Der Kuchen schmeckt dadurch nicht besser.«

– Bill Gates, Geschäftsmagnat und Mitbegründer von Microsoft

Wenn Sie sich auf der Frequenz der Dankbarkeit befinden, wissen Sie, dass Sie alles haben. Sie wissen, dass nichts fehlt. Sie wissen, dass nichts *jemals* fehlen könnte.

Listen darüber zu machen, was Sie sich wünschen, bedeutet, dass Sie sich von genau diesen Dingen auf Ihrer Liste abtrennen.

Die Dankbarkeit sagt: »Ich habe diese Dinge bereits (wie sonst hätte ich sie wahrnehmen können?), und ich werde mich dafür bedanken und singen und tanzen und freudig weitermachen.«

In diesem Spiel werden Sie also, anstatt eine Liste zu erstellen, was Sie sich wünschen, eine Liste all der Dinge machen, die Sie bereits haben. Dinge, für die Sie *jetzt* dankbar sind.

Wenn Sie die »Spielsachen«, die Sie schon jetzt haben, nicht wertschätzen und nicht damit spielen, warum erwarten Sie sich dann neue? Warum *wollen* Sie überhaupt neue?

Sicher, Wunschlisten sind eine nette Sache. Aber heute erstellen Sie stattdessen eine Liste mit all den irre schönen Dingen, die Sie *bereits haben*.

#S&F

Zeigen Sie uns eins Ihrer »kostbaren Dinge«.

Das Geschenk: Die Magie entfalten lassen

»Finden Sie die Herrlichkeit in Ihrem Inneren, damit Sie tanzen können ..., ein bisschen hemmungsloser, ein bisschen mehr mit dem Hintern wackelnd.«

– Billy Finger, Bruder der Autorin Annie Kagan

Die Sache ist die: Wenn Sie versuchen, mit einer Backmischung Lasagne zu machen, wird dabei nie das köstliche geschichtete italienische Gericht herauskommen, das weithin als das beste Pasta-Rezept der Welt gilt.

Wenn Sie eine Straßenkarte von Chicago benutzen, um sich in Los Angeles zurechtzufinden, werden Sie Rodeo Drive, Hollywood Boulevard oder Venice Beach wahrscheinlich nie finden.

Desgleichen wenn Sie ein glückliches und sinnvolles Leben führen wollen, ist es dringend notwendig zu erkennen, dass Sie bisher mit dem falschen Werkzeug an die Sache herangegangen sind.

Seit sehr langer Zeit.

Die einzige Möglichkeit, inneren Frieden und die Freude zu finden, die Ihnen von Natur aus zusteht, besteht darin, die alte Backmischung zu entsorgen, die alte Straßenkarte über Bord zu werfen.

Wir haben die letzten 6000 Jahre damit verbracht, unser Bewusstsein zu entwickeln, das – wie jeder halbwegs intelligente Mensch Ihnen sagen kann – ein einziges verrücktes

Durcheinander ist. Mit unserem Bewusstsein (diesem Plastilin des Universums) haben wir ein komplexes Labyrinth von Glaubenssätzen und Erwartungen fabriziert, von denen die meisten keinerlei Bedeutung für die Realität haben. Unglücklicherweise haben wir uns in diesem Labyrinth von Glaubenssätzen heillos verlaufen.

Wir haben vergessen, dass wir hier sind, um Licht zu verbreiten, Freude zu erfahren, alles bis zum Gehtnichtmehr zu lieben. Anstatt zu lieben, zu spielen und entzückt mit der Knetmasse zu experimentieren, fingen wir an, unser Leben viel zu ernst zu nehmen.

Wir bestehen darauf, dass nur unsere oh-so-wichtige Ernsthaftigkeit, die Welt zusammenhält. Wir sind so wild darauf, unsere Probleme zu lösen, die sieben Schritte zum Erfolg zu absolvieren, dass wir die Freude und die Begeisterung und das kreative Spielen komplett aufgegeben haben.

Wenn wir wirklich Frieden und Sinn finden wollen, müssen wir zugeben, dass das Leben selbst nicht für den Allerwertesten ist, sondern nur die Werkzeuge, die wir benutzt haben, um in ihm zu navigieren.

Die Werkzeuge, die wir Menschen gegenwärtig benutzen, um unsere Sichtweise der Welt zurechtzuzimmern, bestehen aus dem Intellekt und den fünf Sinnen, über die Ihnen jeder, der sich damit näher beschäftigt, sagen kann, dass sie mit der Realität nicht das Geringste zu tun haben. In jeder Beziehung.

Sich auf den Intellekt zu verlassen, um Probleme zu lösen, oder die fünf Sinne einzusetzen, um die Realität zu begreifen, ist so, als würden Sie die Straßenkarte von Chicago studieren, um sich in LA zurechtzufinden. Sowohl der Intellekt als auch die fünf Sinne zeigen uns ein Hologramm, das nicht realer ist als R2-D2s Projektion von Prinzessin Leia aus *Star Wars*. Das Verrückte an der heutigen Zeit ist, dass wir uns mit diesem falschen Hologramm identifizieren. Wir glauben tatsächlich, dass diese kondensierte Version unserer selbst das ist, was wir sind.

Wir haben diesen kolossalen Witz, dass wir von unserer Quelle, von dem universalen Energiefeld getrennt sein könnten, wirklich ernst genommen. Während wir in Wahrheit verbunden und in perfekter Gemeinschaft mit der gesamten Schöpfung sind.

Wir sind Teil des FP – des Energiefeldes, das manche Menschen *Gott* oder *das Universum* nennen. Das Synonym, das Sie benutzen, spielt keine Rolle. Was jedoch eine Rolle spielt ist, sich dessen bewusst zu sein, dass alles nur eine vorübergehende Erscheinungsform dieser einen, allem zugrunde liegenden Energie ist.

Das Einzige, was uns aus diesem verzwickten Labyrinth herausführen kann, das wir uns als Realität zurechtgelegt haben, ist das Vertrauen darauf, dass alles im Universum miteinander verbunden ist. Das ist alles. Der Rest ist nichts als ein alter Trick.

Wenn Sie unglücklich sind, warum wollen Sie dann auf das schale Hologramm zurückgreifen, das Ihr beschränkter Intellekt (nichts für ungut!) und Ihre limitierten fünf Sinne bislang erfunden haben?

Der Nachtisch

»Den Wissenschaftlern wird allmählich eine unbequeme Wahrheit bewusst – das Universum sieht verdächtig nach einer geplanten Sache aus.«

– Paul Davies, Physiker, Kosmologe und Astrobiologe

Je mehr Sie Ihre lineare Weltsicht aufgeben, desto größer wird Ihr Spielplatz. Dinge, die gestern unumstößlich und undurchdringbar schienen, bekommen plötzlich Risse. Sie erkennen, dass die Dinge dem konventionellen Verständnis zufolge nicht immer sinnvoll oder erklärbar sein müssen.

In meinem Blog gebe ich Geschichten von Lesern wieder, die sich der Magie des Lebens geöffnet und Wunder erlebt haben. Diese Geschichten stammen eher selten von Akademikern oder Wissenschaftlern, die sich dem Gedanken verschließen, dass das Leben möglicherweise mehr bietet, als sie mithilfe eines Reagenzglases in ihrem Labor beweisen können.

Dr. Michael Shermer, ein Professor und bekannter Intellektueller, der eine monatliche Kolumne für den *Scientific American* schreibt, ist so skeptisch gegenüber allem »Übernatürlichen«, dass er 1992 begann, ein vierteljährlich erscheinendes Magazin herauszubringen mit dem Ziel, pseudowissenschaftliche Tendenzen zu entlarven. Schon der Name des Magazins sagt alles: *Skeptic*. Der überzeugte Atheist hatte sogar in einer Sendung von *Nightline* mit Deepak Chopra über die Existenz Gottes diskutiert.

Ein Grund, warum ich die folgende Geschichte ganz besonders liebe.

Im Sommer 2014 heiratete Michael Shermer Jennifer Graf aus Köln. Bei dem Transport ihres Eigentums nach Kalifornien,

wo ihr Mann wohnte, wurden Kisten beschädigt, und einige Erbstücke gingen verloren.
Ein altes Transistorradio, das Jennifers geliebtem Großvater Walter gehört hatte, überstand die lange Reise unbeschadet. Walter war Jennifers Vaterersatz gewesen und starb, als sie 16 war.
Michael, der wusste, wie viel es ihr bedeuten würde, versuchte, das Radio nach Jahrzehnten wieder zum Laufen zu bringen. Er wechselte die Batterien aus, prüfte, ob es lose Drähte gab, und versuchte sogar etwas, das er »perkussive Instandsetzung« nannte – indem er das gute Stück gegen die Wand schleuderte. Schließlich gab er entnervt auf, und Jennifer verstaute das Radio in einem Schrank in ihrem Schlafzimmer.
Am Tag ihrer Hochzeit, als die beiden in Anwesenheit seiner Familie in Kalifornien die Ringe tauschten und ihre Ehegelübde sprachen, fühlte sich Jennifer – 10 000 Kilometer weg von zu Hause – von einer Welle der Nostalgie überwältigt und wünschte sich, ihr Großvater könnte da sein, um sie zum Altar zu führen.
Nach der Zeremonie machte sie Michael ein Zeichen, dass sie mit ihm sprechen müsse.
»Aus dem Schlafzimmer kommt Musik«, flüsterte sie.
Da sie im Schlafzimmer keine Musikanlage hatten, suchten sie nach verlegten Laptops und iPhones. Sie schauten sogar draußen nach, ob die Nachbarn vielleicht eine unerwartete Party gaben.
Dann fanden sie Opas Transistorradio, aus dem die Musik kam. Es spielte den ganzen Tag weiter. Irgendwann tanzten die beiden Frischvermählten sogar zu der klassischen Musik, die aus Walters Radio erklang. Am nächsten Tag hörte es auf zu funktionieren und ist bis zum heutigen Tag stumm geblieben.
Und während der berühmte Skeptiker Michael Shermer sagte, er würde so eine Geschichte nie glauben, wenn er sie von

jemand anderem hören würde, gestand er, dass »die unheimliche Verbindung dieser aufrüttelnden Ereignisse« ihn »aus den Latschen kippen ließ« und seinen Skeptizismus im tiefsten Kern erschütterte.

Und das ist es, was ich ein Wunder nennen würde: dass ein langjähriger Hüter wissenschaftlicher Orthodoxie bereit war, öffentlich eine Geschichte zu erzählen, die seiner über viele Jahre vehement vorgebrachten Meinung widersprach; dass die Wissenschaft unter Umständen nicht die endgültige und komplette Sicht auf die Realität bietet.

Zumindest sagt Shermer: »Wir sollten die Tore der Wahrnehmung nicht schließen, wenn sie uns vielleicht geöffnet werden können, um über die Mysterien zu staunen.«

PARTYSPIEL NR. 3

Wedeln Sie mit Ihren Cheerleader-Puschen – für alles und jeden

»Was hält dich in einem Glaubenssystem gefangen, das behauptet, Ekstase sei nur durch bestimmte physische Reize möglich… Ekstase ist dein Geburtsrecht. Sie ist nicht etwas, das außerhalb von dir existiert.«

– DANIEL SCRANTON, Reiki-Meister

Die meisten Menschen glauben, dass die *Kunst des Erlaubens* bedeutet, für den Maserati offen zu sein, den sie sich wünschen; oder bereit zu sein, dass ihr perfekter Partner erscheint. Und zum Teil stimmt das sogar. Wenn Sie auf der Frequenz der Freude sind, sind Sie offen; Sie sind total im Hier und Jetzt; Sie arbeiten *mit* dem Leben, nicht dagegen. In einem Energiefeld ohne Konflikte tritt Manifestation umgehend ein.

Dieses Spiel ist für diejenigen unter uns, deren Königreich (unser Bewusstsein) immer noch bevölkert wird von feuerspeienden Drachen und anderen Bösewichten; für diejenigen unter uns, die immer noch gerne jammern und klagen, die immer noch dem »Ich armes Opfer«-Trostpreis hinterherlaufen.

Wahres *Erlauben*, die Art, die zu praktizieren Sie in diesem Spiel ermutigt werden, bedeutet zu erkennen, dass alles, was vor Ihnen liegt (selbst wenn es sich um ein kaputtes Auto, einen quirligen Zweijährigen oder einen gigantischen Steuerbescheid handelt) etwas ist, das Sie selbst hervorgerufen haben.

Anstatt vor dieser Erkenntnis wegzulaufen, müssen Sie sich ihr zunächst einmal stellen. Sie müssen so weit gehen, allem – jeder Person, jeder Situation – mit Dankbarkeit zu begegnen. Alles, was Sie nicht voll anzunehmen und zu segnen bereit sind, hält

Sie gefangen. Es errichtet einen Zaun zwischen Ihnen und Ihrem höchsten Gut.
Und so geht das Ganze:
Nehmen Sie sich vor, aktiv alles zu »erlauben«, zuzulassen, was passiert, sogar (und vielleicht sogar insbesondere) das Alltägliche und Normale. Zum Beispiel:

- »Ich erlaube dem Sonnenlicht am Morgen, durch mein Fenster zu strömen.«
- »Ich erlaube dem Hund, neben dem Bett laut zu schlürfen.«
- »Ich erlaube dem Wasser aus dem Wasserhahn, meine Zahnbürste zu benetzen.«
- »Ich erlaube dieser Pfefferminz-Zahnpasta, meinen Mund zu erfrischen.«

Fangen Sie mit einfachen Dingen zu üben an, um Ihren Erlaubnis-Muskel zu kräftigen. Sobald Sie das gemeistert haben, können Sie über Los schreiten, Ihre 4000 Euro kassieren und anfangen, die Umstände zuzulassen, von denen Sie bis jetzt glaubten, ein Spielball zu sein.
Ich möchte der Academy danken, meiner Mutter und meinem Klassenlehrer in der zweiten Klasse, für dieses angebrannte Brötchen, für diesen zweistündigen Arbeitsweg, für das zweite Mammogramm.
Betrachten Sie das, was Sie erschaffen haben, mit den Augen eines Kindes. Denken Sie darüber nach, wundern Sie sich darüber, doch vor allem: Lieben Sie alles, was Sie hervorgerufen haben. Auf diese Weise fordern Sie die Herrschaft über Ihr eigenes Leben ein: Sehet, ich habe es erschaffen, und es ist gut.

#S&F

Zeigen Sie uns etwas, das Sie früher abgelehnt haben und heute aus vollem Herzen annehmen.

Das Partygeschenk: Rüber auf die Erleuchtungs-Schnellspur

»Überprüfen Sie alles, was man Ihnen in der Schule, in der Kirche oder in irgendwelchen Büchern erzählt hat.«

– Walt Whitman, Autor von *Grashalme*

Die göttliche Energie (der Dankbarkeits-Kanal) schafft Raum in Ihrem Kopf für die folgenden drei Wahrheiten:

Es gibt nichts, was Sie jemals tun könnten, nichts, das jemals passieren könnte, das Sie von Ihrer wahren Quelle trennen kann. Sie werden mehr geliebt, als Sie sich je vorstellen können. Das Wort Liebe, in Besitz genommen von einer Kultur, die nicht das Geringste davon versteht, ist unzureichend für diese tief gehende, ewige Verbindung.
Aufgrund Ihrer unabdingbaren Verbindung mit diesem Großen Ganzen, das keinen Namen hat, haben Sie die Macht, Welten zu erschaffen. Tatsächlich ist das der Grund, warum Sie hier sind.

Der Nachtisch

»Wunder passieren ständig.
Die Leute bemerken sie nur nicht.«

– Lorna Byrne, Mystikerin

Lorna Byrnes Familie wurde gesagt, dass ihre Tochter geistig zurückgeblieben sei. Sie starrte die Wände an, spielte mit imaginären Freunden, verhielt sich »anders« als die anderen Kinder. Mit 14 wurde sie aus der Schule genommen. Die Ärzte diagnostizierten Legasthenie, also sah ihre bitterarme irische Familie keinen Grund mehr, weiterhin Schulbücher und Schulkleidung für ihre »zurückgebliebene« Tochter anzuschaffen.

Wie sich herausstellen sollte, war Lorna Byrne in Wahrheit wesentlich »klüger« als die meisten von uns. Sie sieht Dinge, die uns in der Regel entgehen. Wunderbare Dinge, schöne Dinge.

Es waren keine Wände, die sie anstarrte. Sie lauschte den Engeln, die ihr verboten, von ihrer Gegenwart zu erzählen. *Noch nicht*, sagten sie.

Die Engel machten ihr klar, dass ihre Eltern sie in eine geschlossene Anstalt stecken würden, wenn Lorna ihnen die Wahrheit sagt. Die Engel hatten andere Pläne mit ihr.

Bis auf den heutigen Tag sieht Lorna diese Wesen so deutlich, wie wir unsere Kinder sehen, die auf dem Handy ihren Schulfreunden texten. »Die Engel sind meine Lehrer und Freunde«, sagt sie.

Einer ihrer vielen »imaginären Freunde« war ihr Bruder Christopher, der gestorben war, bevor Lorna auf die Welt kam. Erst mit 15 Jahren fand sie heraus, dass der Rest ihrer Familie, gefangen auf der begrenzten physischen Ebene, überzeugt war, dass Christopher nach nur zehn Wochen den Planeten verlassen hatte. Ihr striktes Festhalten an der konventionellen Realität verhinderte, dass sie Christopher, die Engel und viele andere Dinge sehen konnten, die für Lorna seit jeher alltäglich sind.

Sie sieht Spiralen aus Licht, funkelnde Farben und Wellen von Energie, die der Rest von uns nicht wahrnimmt, weil wir dazu erzogen wurden, jegliche »atypischen« Informationen auszublenden. Häufig sieht sie dunkle Energie, zum Beispiel in Menschen, die physische Erkrankungen haben.

Ihre Engel leiteten sie an, Kontakt mit der Natur aufzunehmen, und lehrten sie auf die richtige Weise zu sehen. Sie liebte und vertraute diesen engelhaften Wesen, die sie häufig aufforderten, ihre Hände zu öffnen, um dort aus Licht bestehende Hologramme von Sternen oder Blumen zu finden. Sie leuchteten und strahlten von ihren Händen in alle Richtungen aus, soweit sie sehen konnte.

Lorna, in einer katholischen Familie aufgewachsen, benutzt den Begriff *Engel*, um ihre magischen Wesenheiten zu beschreiben, mit denen sie täglich interagiert. Der Begriff stimmt mit ihren religiösen Glaubenssätzen überein und ist sinnvoll, weil die meisten Menschen sich damit identifizieren können. *Engel* – von denen haben wir alle schon mal gehört.

Alles, was diese magischen Wesen ihr jemals gesagt haben, trat ein.

Einmal, als sie mit einer Schulfreundin spielte, konnte sie den Vater ihrer Freundin hören, der in einer weit entfernten Autowerkstatt arbeitete und um Hilfe rief. Sie rannten zu der Werkstatt und fanden den Vater auf dem Boden, bewusstlos und blutend unter einem Auto liegend, das auf ihn gestürzt war.

Ein anderes Mal sah sie zwei junge Motorradfahrer, die von einem Bus angefahren wurden. Sie sah, wie sie weiterfuhren, friedlich und ohne sich zu sorgen, direkt hinauf in den Himmel, während sich der Notfallarzt und die Sanitäter um die zurückgebliebenen Körper drängten.

Als sie zehn Jahre alt war, zog einer ihrer Engel in der Mitte eines Flusses eine riesige Kinoleinwand herunter. Eine Vision erschien auf der Leinwand, von einem hochgewachsenen, gut aussehenden rothaarigen jungen Mann.

»Vergiss ihn nicht«, sagte der Engel. »Du wirst ihm in ein paar Jahren begegnen, und ihr werdet heiraten und Kinder haben. Du wirst sehr glücklich sein.«

Außerdem sagte der Engel ihr, dass Gott diesen Mann noch in jungen Jahren in den Himmel zurückholen würde. Das ist nicht unbedingt etwas, was man über seinen künftigen Ehepartner hören möchte, doch Lorna hatte schon seit Langem gelernt, alles zu glauben, was die Engel ihr sagten.

Als sie 16 war, kam Joe, der junge Mann aus der Vision, eines Tages in den Laden ihres Vaters und fragte nach einem Job. Und tatsächlich, die beiden kamen einander näher, verliebten sich schließlich und heirateten, genau wie die Engel vorhergesagt hatten.

Die Engel hatten auch recht, was Joes Gesundheit betraf. Nachdem die beiden 1975 geheiratet und vier Kinder bekommen hatten, begann es Joe körperlich schlecht zu gehen, und 2000 starb er. Ihr jüngstes Kind war damals erst fünf Jahre alt.

Nach Joes Tod und auf Drängen der Engel ging Lorna an die Öffentlichkeit. Ihre Engel hatten ihr seit jeher gesagt, dass sie eines Tages Bücher schreiben würde. Sie hatte darüber gelacht. Aber sie hatte auch seit Langem gelernt, ihre Anweisungen zu beherzigen.

Bis heute hat diese zierliche, einfache Irin mit der sanften Stimme vier Bücher geschrieben.

Sie ist im britischen Fernsehen (BBC) aufgetreten, wurde für *The Economist* interviewt und war Gast bei Konferenzen in der ganzen Welt. Ich habe sie in London bei einer Konferenz kennengelernt.

Obgleich ich über Wunder und Magie schreibe, rolle ich schon mal schnell mit den Augen, wenn Menschen behaupten, den ganzen Tag mit Engeln rumzuhängen. Doch bei Lorna spüre ich, dass es genauso ist, wie sie sagt.
Sie ist eine der bescheidensten, unaufdringlichsten Frauen, die ich in meinem Leben getroffen habe.
Ich erzähle Ihnen Lornas Geschichte nicht, um Sie zu überzeugen, ein Engel-Seminar zu besuchen. Sondern damit Sie anfangen können, Ihre eigenen strikten Glaubenssätze über das zu entwirren, was möglich ist und was nicht.
Lorna sagt, dass alle Babys Engel sehen können. Zu dem Zeitpunkt, wenn sie mit dem Sprechen anfangen, haben sie jedoch bereits »gelernt«, was »real« ist und was nicht. Erst wenn wir uns den strikten Vorstellungen unserer Gesellschaft anpassen, verlieren wir die Verbindung zur magischen Welt, die uns umgibt.

PARTYSPIEL NR. 4

Das total verrückte Spiel

»Wir übersehen die wahren Wunder, weil wir nach dem großen Knall Ausschau halten.«

– CONSTANCE ARNOLD, Erfolgscoach

Staunen Sie über »unwichtige« Dinge. Es ist einfach, dankbar zu sein für das Naheliegende … gesunde Kinder, öffentliche Bibliotheken, gute Ehen. Doch in diesem Spiel werden wir einen Schritt weitergehen. Wir werden unseren Dankbarkeits-Muskel trainieren, indem wir auch das Unbedeutende und Unpraktische schätzen: die Wildgänse, die ein riesiges V in den blauen Morgenhimmel zeichnen; den Tambourine Guy (können Sie googeln), dessen Tanz auf YouTube selbst die strammsten meiner kritischen inneren Stimmen entzückt; das neugierige Unkraut, das durch die Ritzen im Parkplatzgelände lugt.

#S&F

Zeigen Sie uns etwas Unwichtiges und/oder Unpraktisches, das Sie dennoch lieben.

Das Partygeschenk: Störsignale auflösen

»Ich brauche die Erinnerung an Magie, um sie jemals wieder ausüben zu können.«

– Robert McCammon, Autor von *Boy's Life*

Wenn Sie auf der Frequenz der Dankbarkeit und Freude sind, kann das Universum loslegen, die Dinge zu organisieren und Kaninchen aus dem Hut zu ziehen.

Doch anstatt auf diesem klaren, himmlischen Kanal zu bleiben, wo Wunder passieren, stolpern die meisten von uns bald über eine Delle am Boden und fangen sofort an, sich zu sorgen und längst vergangene Situationen auszugraben, in denen die Dinge schiefliefen. Mit anderen Worten: Wir erzeugen Störsignale. Wir schaffen einen Resonanzboden, der die Ebene der Magie blockiert.

Sobald Sie sich auf die Frequenz der Freude einstimmen, stehen Ihnen 100 % Ihrer Energie zur Verfügung. Sie beginnen, jede Person, jede Situation als das begeisternde und anregende Geschenk zu erkennen, die sie sind. Sobald wir unseren »Beziehungszoff mit der Welt« (wie Robert Frost es genannt hat) aufgeben, erwacht in unserem Inneren eine ungeahnte Energie.

Es gibt keinen Stau mehr, kein weißes Rauschen, um die Wahrheit zu blockieren. Das ist der Moment, wenn sich Ihre Weltsicht insgesamt zu verändern beginnt. Menschen, Situationen – sogar Ihr Briefkasten –, alles sieht plötzlich anders aus.

Und dann, wenn der Widerstand aufgelöst ist, können Sie wählen, ob Sie weitermachen oder ein neues Abenteuer starten möchten.

Der Nachtisch

»Eines Tages wird dies hier 20 Jahre her sein.«

– Bill Bryson, Autor von *Picknick mit Bären*

Mein Freund Jay hat mir eine Geschichte erzählt, die perfekt veranschaulicht, was passieren kann, wenn wir keine atmosphärischen Störungen in unserer Frequenz schaffen.

Eines Tages ließ er aus Versehen seinen Garagentüröffner in einem Mietwagen liegen. Er rief die Mietwagenfirma an, nur um zu erfahren, dass der Wagen bereits wieder unterwegs war. Und nein, einen Garagentüröffner hatten sie nicht gefunden.

Er hätte mit den Nerven am Ende sein können. Vor allem weil er mit einem Freund zum Mittagessen verabredet war und seine Kreditkarte in einer Bar vergessen hatte, die erst in drei Stunden wieder aufmachen würde. Und als wäre das noch nicht genug, wählte sein dreijähriger Sohn, Emmett, genau diesen Moment für einen perfekt inszenierten Trotzanfall.

Jay hockte sich nieder, redete beruhigend auf Emmett ein und fühlte nichts als Liebe und Dankbarkeit. Selbst für den verloren geglaubten Türöffner und die Kreditkarte, die er brauchte, um das Mittagessen zu bezahlen.

»Ich weiß nicht warum, aber ich bin einfach dankbar geblieben, voller Vertrauen, dass alles gut ist«, sagte Jay.

Er fuhr zur Bank, um Bargeld aus dem Automaten zu ziehen – und auf dem Parkplatz vor der Bank war genau das Auto, in dem er seinen Garagentüröffner liegen gelassen hatte. Ein älterer Herr stand daneben und sprach in sein Telefon.

Jay fragte: »Ist das Ihr Wagen?«

»Er gehört meinem Sohn, er ist gerade in der Bank.«

Jay erklärte, was passiert war und fragte, ob er mal kurz in den Wagen hineinschauen könnte.

Er fand den Türöffner, bedankte sich und hatte das intuitive Gefühl, kurz an der Bar vorbeizufahren, obwohl sie eigentlich erst in ein paar Stunden öffnen würde.
Und tatsächlich, der Besitzer saß vor der Tür und telefonierte.
»Sie haben echt Glück«, meinte er zu Jay. »Normalerweise komme ich immer erst um drei. Aber heute musste ich früher kommen, um meinen Teppichreiniger reinzulassen.«
Jay wusste natürlich, dass es sich nicht um Glück handelte. Es war einfach ein weiterer Beweis, dass die Magie immer in Fluss ist, solange wir keine »Probleme« schaffen, um sie zu blockieren.

PARTYSPIEL NR. 5

Seien Sie wie eine hängen gebliebene Schallplatte

»Ich sage wie ein Verrückter ständig und für alles ›Danke‹.«

– Prince Rea,
Rapper und Aktivist

Sagen Sie »Danke« für alles, was immer es ist. Fühlen Sie sich frei, mit *arigato* oder *gracias* zu improvisieren (siehe Liste im Kasten auf Seite 121).
Machen Sie keine Ausnahmen, lassen Sie keine Ausreden gelten und verpassen Sie keine noch so unscheinbare Gelegenheit Ihren Dank auszusprechen.
Hier sind ein paar Beispiele:

- *Wenn am Morgen der Wecker klingelt…*
  »Danke, dass ich einen weiteren Tag hier auf der Erde sein kann.«
  (Jim Morrison und Benjamin Franklin – um nur zwei prominente Beispiele zu nennen – können diesen Luxus nicht mehr genießen.)
- *Beim Schlurfen ins Badezimmer…*
  »Danke, dass ich Beine habe, die mir ermöglichen, mich von Punkt A zu Punkt B zu bewegen.«
  (Gehen Sie in ein beliebiges Krankenhaus mit Kriegsveteranen und Sie werden viele Leute finden, die das nicht können.)
- *Bei der Zubereitung Ihres Morgenmüslis:*
  »Danke, dass ich genügend zu essen habe.«

(Vergessen Sie nicht: So hart es klingt, aber in der Zeit, die Sie brauchen, um Ihr Müsli oder Ihre Cornflakes aufzuessen, sind 75[2] Menschen auf der Welt an Unterernährung gestorben.)

Nicht nur zieht Louise Hay, Autorin zahlreicher Lebenshilfe-Bestseller, regelmäßig einen Spiegel aus ihrer Tasche und vergewissert sich, wie schön sie ist, sondern sie verbringt einen großen Teil ihres Tages mit radikaler Dankbarkeit.
Sie dankt dem Sonnenschein. Und bevor sie abends ins Bett geht, dankt sie ihren Bettlaken und ihrem Kopfkissen.
Sie dankt dem Spargel und den Süßkartoffeln, die sie zu Mittag isst.
»Manchmal würde ich am liebsten mit den Augen rollen«, sagte David Kessler, ihr Co-Autor bei *Heile dein Herz*. »Aber keine Frage, sie lebt in einer besseren Welt als ich.«
Oder nehmen Sie Jill Bolte Taylor, die Harvard-Neuroanatomin, die am 10. Dezember 1996 einen massiven Schlaganfall erlitt, der ihr acht Jahre lang die Fähigkeit raubte zu gehen, zu sprechen, zu lesen und zu schreiben. Vielleicht sind Sie einer von drei Millionen Menschen, die ihre TED-Rede über ihren lebensverändernden Schlaganfall gesehen haben. Jeden Morgen bedenkt sie die 50 Billionen Zellen ihres Körpers mit einem ehrlich gemeinten »Danke«:
»Jeder Tag ist kostbar, eine gesegnete Zeit. Ich wache jeden Morgen auf, wackle mit den Zehen und Fingern und sage zu meinen Zellen: ›Guten Morgen, Mädels; danke für einen weiteren wundervollen Tag‹.«

---

2 Die Zahl 75 beruht auf der Annahme, dass Sie fünf Minuten brauchen, um eine Schüssel Müsli oder Cornflakes zu verputzen. Wenn Sie sich Zeit lassen und zehn Minuten brauchen, haben wir 150 unserer Brüder und Schwestern verloren. Und falls Sie entsetzt sind: Diese Zahlen basieren auf UN-Statistiken.

#S&F

Zeigen Sie uns etwas, dem Sie heute zum ersten Mal gedankt haben.

Egal wie Sie es nennen, Hauptsache »Danke«

Damals in meinen Eurail-Tagen, als ich von Land zu Land reiste, mit unterschiedlichen Währungen jonglierte und meine *Grazie* und *Gracias* durcheinanderbrachte, entwarf ich einen Sprachführer mit dem Titel *Let's Snow Europe!* Der Titel war eine Abwandlung des bei Studenten beliebten Reiseführers namens *Let's Go Europe*.

Der Zweck bestand darin, englische Wörter anzubieten, die sich wie ausländische Wörter anhören, die Sie zu sagen versuchen:

Donkey shoes für Dankeschön

Mares see für Merci

Es wird Sie vielleicht nicht überraschen, dass ich keinen Verlag finden konnte, der anbiss. Doch hier ist ein guter Ersatz: ein Führer, um in 22 Sprachen »Danke« zu sagen (ohne falsche englische Wörter):

- Arabisch – شكراً (Shukran)
- Chinesisch (Mandarin) – 谢谢 (Xiè xie)
- Englisch – Thank you
- Französisch – Merci
- Griechisch – Ευχαριστώ (Efkaristo)
- Hebräisch – תודה (Toda)

- Hindi - धन्यवाद/ (Dhanyavaad)
- Holländisch - Dank je wei
- Italienisch - Grazie
- Japanisch - ありがとうございます (Arigatoo goizaimasu)
- Koreanisch - 감사합니다 (Gamsahamnida)
- Kroatisch - Hvala
- Polnisch - Dziękuję
- Portugiesisch - Obrigado/Obrigada (männlich/weiblich)
- Russisch - Спасибо (Spasibah)
- Schwedisch - Tack
- Spanisch - Gracias
- Swahili - Asante
- Tschechisch - Děkuji
- Türkisch - Teşekkür ederim
- Ungarisch - Köszönöm
- Vietnamesisch - Cám ơn bạn

Das Partygeschenk: Die hirnrissigen Stimmen in Ihrem Kopf überlisten

»Wenn wir die Welt sehen könnten, wie sie wirklich ist, würden wir alle fünf Minuten auf die Knie fallen, nur um ›Danke‹ zu sagen.«

– The Zing, alias Ethan Hughes von der *Possibility Alliance*

In jedem Augenblick leben Sie entweder in Ihrem natürlichen Zustand … oder nicht. Ihr natürlicher Zustand ist Freude, Lebendigkeit, ein Gefühl, das ich gerne das göttliche Summen nenne. Es ist ein ekstatischer Tanz der Dankbarkeit für die Geschenke jedes gesegneten Augenblicks.

Die meisten von uns, so verrückt wie wir Menschen nun mal sind, haben keine Ahnung, wie sich unser natürlicher Zustand anfühlt. Wir sind uns nicht im Geringsten dieser hammermäßigen Macht bewusst, die alle Register zieht, um uns mit Segnungen zu überschütten. Wir schlurfen dahin mit unserer Trauermiene, ohne auch nur zu ahnen, dass wir eigentlich ständig feiern und *Halleluja!* jauchzen könnten. Wir kommen nicht darauf, dass wir selbst die Türen zu unserem Glück verrammelt haben.

Die gute Nachricht ist, dass dieses mystische Paralleluniversum – auch wenn wir es nicht bewusst wahrnehmen – nie zerstört werden kann. Es ist immer da und es wird uns nie allein lassen.

Wir müssen nicht das Geringste tun, um seine Gunst zu gewinnen. Wir müssen nicht lange genug beten oder meditieren oder irgendetwas anderes tun als die mentale Struktur loszulassen, mit der wir unseren natürlichen Zustand verschleiert haben.

Tatsächlich ist es so verdächtig einfach, in unserem natürlichen Zustand zu leben, dass wir uns weigern, ihn ernst zu nehmen. »So einfach kann es nicht sein«, protestieren wir.

Der Nachtisch

»Das Leben ist so verdammt kurz. Um Himmels willen, tu' einfach das, was dich glücklich macht.«

– Bill Murray, Komiker und Schauspieler

Catherine Behan beschloss, ein kleines Experiment zu wagen. Sieben Jahre lang glaubte sie fest an das Gesetz der Anziehung und befolgte es. In dieser Zeit hat sie diverse schwindelerregende Dinge manifestiert: Klienten, Ferienreisen, Freunde,

Liebhaber. Doch wie jeder von uns besitzt auch sie die innere Stimme, die fragt: »Was, wenn das alles totaler Humbug ist?«

Ihr Bruder, Gehirnforscher an der Stanford University, war mehr als glücklich, den Teil von ihr zu repräsentieren, der nicht glauben kann, dass das Leben eigentlich leicht sein sollte. Ständig ermahnte er sie: »Du kannst nicht einfach immer nur Spaß haben. Du musst arbeiten. Du musst einen Job finden.«

Catherine, die durchaus erfolgreich war mit ihrer Dating-Webseite und ihrem Job als Beraterin in Beziehungsfragen – vielen Dank! –, beschloss, ihre Überzeugungen auf die ultimative Probe zu stellen.

Sie stellte folgende Hypothese auf: »Wenn es wirklich stimmt, dass das Universum mich liebt und mich glücklich sehen möchte, wäre es dann nicht sinnvoll, so glücklich wie möglich zu werden und es dem Universum zu überlassen, die Details zu arrangieren?«

Um ihre Theorie auf die Probe zu stellen, entschied sie, jeden Morgen nach dem Aufstehen *nur* das zu tun, wonach ihr der Sinn stand. Häufig hieß das, mit ihrem Hund an den Strand zu gehen und lange den Blick übers Meer schweifen zu lassen. Sie schrieb Geschichten in ihr Tagebuch, Visionen eines herrlichen Lebens, Wahrheiten, an die sie glaubte.

Eine Zeit lang wurde die Stimme in ihr immer lauter: *Bald wirst du pleite sein. Es ist geradezu lächerlich, was du hier machst. Jeder muss arbeiten.*

Ihr Schlafzimmer sah von Tag zu Tag unordentlicher aus. Die Stimme (ganz zu schweigen von ihrer Mitbewohnerin) meldete sich jeden Morgen: »Die Situation hier gerät langsam außer Kontrolle!«

Dennoch weigerte sie sich, nachzugeben. Sie wollte ihr Zimmer nicht aufräumen. Und sie hatte sich selbst geschworen, *nur* das zu tun, was sie tun wollte.

»Irgendwann«, sagt sie, »war ich in der Lage, die Lautstärke der Stimme runterzudrehen. Ich fokussierte mich einfach darauf, schöne Dinge zu finden und genau das zu tun, wonach mir der Sinn stand.«

Als sie mit dem Aufräumen begann – nicht das Zimmer, sondern den mentalen Schrott in ihrem Kopf –, ergaben sich zunehmend die verschiedensten interessanten Gelegenheiten. Die richtigen Personen liefen ihr über den Weg. Sie erhielt zum Beispiel die Einladung für einen Flug in einem Heißluftballon und als weiteres Geschenk eine kostenlose Kreuzfahrt. Sie erbte etwas Geld und fühlte sich berufen, an einem Seminar in Mexiko teilzunehmen, wo sie sich fühlte, »als würde ich in einem Meer der Liebe schwimmen«.

»Es war geradezu unheimlich«, sagt sie. »So viele der Geschichten, die ich aufgeschrieben hatte, erfüllten sich genauso, wie ich sie mir vorgestellt hatte. Ich fühlte mich wie Dorothy in *Der Zauberer von Oz*.«

Und was das chaotische Schlafzimmer betraf? Irgendwann war Aufräumen und Saubermachen genau das, was sie tun wollte. Eines Morgens legte sie fröhliche Musik auf und das Aufräumen wurde zu einem einzigen großen Vergnügen!

»Wir haben keine Ahnung von der Magie in unserem Inneren«, sagt Catherine Behan, die Sie unter http://ManifestFaster.com finden können.

PARTYSPIEL NR. 6

Tun Sie so, als wären Sie im Urlaub

»Glücklichere Menschen sorgen für eine bessere Welt.«

– Glennon Doyle Melton, Gründer von *The Online Community Monastery*

Unsere gesellschaftliche Prägung lehrt uns von Anfang an, welche Aktivitäten im Leben Spaß machen und welche nicht. In diesem Spiel betrachten Sie alles, was Sie tun – egal was es ist – als Vergnügen. Finden Sie die Freude, die darin steckt. Tun Sie so, als wären Sie im Urlaub.

Auf die Einstellung kommt es an. Sie können entweder stur dastehen und über die lethargische Menschenschlange vor Ihnen murren, wo nichts weiterzugehen scheint – oder Sie können »Freude schöner Götterfunken« summen.

Diese 15 Personen vor Ihnen könnten Ihre neuen besten Freunde werden. Zusammen könnten Sie sogar im Chor singen. Also egal wie lange die Schlange ist, egal wie viel Sie noch zu tun haben an diesem Tag, erinnern Sie sich einfach daran, dass auch dies eine Gelegenheit ist, Ihr Leben zu revolutionieren und auf eine brandneue Frequenz zu wechseln.

#S&F

Zeigen Sie uns ein jubilierendes Selfie.

Das Partygeschenk: Befreien Sie sich aus der Zwangsjacke der Negativität

»Sie müssen in Ihrer Realität leben, warum erschaffen Sie sie also auf Basis von negativen Erwartungen?«

– Shawn Achor, Autor von *Glücklich sein*

Zusammen mit meiner Tochter Taz nahm ich vor Kurzem Surf-Unterricht in Santa Teresa, Costa Rica. Unser Lehrer, ein Venezolaner namens Jesus, war sehr klar in seinen Anweisungen.

»Wenn ihr aufs Surfboard geht, haltet den Blick fest auf den sandigen Strand gerichtet. Wendet eure Augen – egal was passiert – nicht von diesem Strand ab.«

»Aber wann fangen wir mit dem Paddeln an?«

»Das Board«, fuhr er mit seinem sexy Latino-Akzent fort, ohne uns anzusehen, »bewegt sich immer in die Richtung, in die ihr schaut.«

Das Letzte, was Jesus tun wollte, war, uns zwei Anfänger von den furchteinflößenden Felsen rechts und links vom Strand abzukratzen. Er war daher unerbittlich:

»Haltet euren Blick auf den Strand gerichtet.«

»Aber wann stehen wir auf, wann geht's los mit dem Wellenreiten …?«

»Haltet euren Blick immer auf den Strand gerichtet.«

Jesus' Botschaft kommt uns auch im normalen Leben zustatten. Wenn Sie darüber nachdenken, was alles schiefgehen könnte, steuern Sie direkt auf die Felsen zu. Wenn Sie sich voll darauf einstimmen, wie cool alles sein wird, steuern Sie auf den weichen, einladenden Sandstrand zu.

Als ich meine Karriere als Reiseautorin begann, hatte ich eine Wahl …

Ich konnte mich auf die Felsen fokussieren:

- *Ich bin eine unbekannte Autorin aus Kansas.*
- *Ich kenne niemanden, der seinen Lebensunterhalt als Reiseautor verdient.*
- *Ich habe keine Ahnung, wie ich anfangen soll.*

… oder ich konnte mich auf den Sandstrand fokussieren:

- *Es wird total fantastisch, exotische Länder zu besuchen, verwegene Fremde zu treffen, angefleht zu werden, in Fünf-Sterne-Hotels abzusteigen.*
- *Was für eine tolle Sache: Schreiben zu können (meine absolute Lieblingsbeschäftigung) über Länder, die ich noch nicht kenne.*

Als ich die Entscheidung traf, ein Buch zu schreiben, hatte ich die gleichen Wahlmöglichkeiten …
Die Felsen …

- *Kaum jemand ergattert heutzutage noch einen Buch-Deal.*
- *Warum so viel Zeit und Energie in etwas investieren, das vielleicht klappt, vielleicht aber auch nicht?*

… oder der Strand:

- *Wie toll ist es, dass ich hier in meinem Schlafanzug sitzen und das tun kann, was ich liebe?*
- *Wie wunderbar zu wissen, dass meine Worte im Leben anderer Menschen etwas bewirken können.*

Genau wie auf jenem Strand in Santa Teresa, gibt es auch hier zwei Realitäten.

Doch die relevante Frage lautet: Welche Realität macht mehr Spaß? Welche bringt mehr Freude?
Warum die 1440 Minuten, die wir jeden Tag geschenkt bekommen, mit pessimistischen Vermutungen vergeuden? Warum sich den Kopf darüber zerbrechen, was alles schiefgehen kann? Warum sich mental auf Untergang und Verderben vorbereiten? Warum auf die nächste Hiobsbotschaft warten?
Vor allem wenn Sie die Macht haben, Ihren Fokus darauf zu richten, wie absolut fantastisch es sein wird, wenn Sie Ihren perfekten Partner finden, Ihren Traumjob ergattern und den gewünschten Buchvertrag unterschreiben.

Der Nachtisch

»Wenn wir aus Leid lernen würden, wäre dann die Welt nicht bereits erleuchtet?«

– Josh Radnor, als Ted Mosby in *How I Met Your Mother*

Wenn Sie glücklich sind, wenn Sie sich für die Freude öffnen, kann das Universum nicht anders, als sich mit seiner ganzen Freigiebigkeit über Sie zu ergießen.
Das Ganze ist so simpel, dass die meisten Menschen schlicht daran vorbeigehen, mit den Augen rollen und denken: *Also wirklich, Pam! So einfach kann es nicht sein.*
Deshalb sage ich es noch einmal. Es ist *wirklich* so einfach.
In meiner »Potenzial-Gang« macht es uns den größten Spaß, Geschichten über genau dieses Thema zu teilen. Wir haben beschlossen, dass ein Teil unserer Aufgabe und der Grund, warum wir diese Gruppe so verdammt lieben, darin besteht, uns die Zeit zu nehmen, um darauf zu achten und zu dokumentieren (also gut, wir schreiben es nicht wirklich Wort für

Wort auf), wie häufig das Universum zu unseren Gunsten arbeitet.

In einer Woche hat uns Nikki zum Beispiel von der kostenlosen Pizza erzählt, die sie gewonnen hat, als sie sich einen Tag frei nahm, und Rhonda erzählte uns die folgende Geschichte, die perfekt veranschaulicht, dass, wenn Sie das Leben feiern, sich umso mehr Anlässe zum Feiern ergeben.

Rhonda und ihr Mann, ein Architekt, waren auf dem Weg zu einem Bankett in einem kleinen katholischen College, wo er einige Design-Arbeiten ausführte. An einem Tisch hinter ihnen saßen einige Nonnen. Nach Rhondas Schätzung waren sie alle zwischen 60 und 90 Jahre alt.

»Also, ich war schon auf vielen dieser Festessen und es sind immer nette, kleine Angelegenheiten. Aber dieses Mal war es anders. Nachdem alle Preise vergeben waren und der angenehme Teil des Abends begonnen hatte, kam ein DJ und legte Tanzmusik auf«, sagte Rhonda. »Mir blieb schier die Spucke weg.«

Als Kool & The Gang mit »Celebration« loslegten, standen diese Nonnen auf und tanzten. Und *wie* sie tanzten!

»Sie haben sich nicht ein einziges Mal hingesetzt«, fuhr Rhonda fort. »Und dann erhob sich der Moderator, um einen Namen aus dem Hut zu ziehen und den Gewinner für den großen Preis des Abends bekannt zu geben, eine Reise nach Irland.«

Können Sie erraten, wer es war?

»Mary Katherine!«, eine der »Heute-lass-ich-es-krachen«-Nonnen!

PARTYSPIEL NR. 7

Werden Sie zu einem Glücks-Magneten

»Wenn ich mir nicht selbst zujuble,
wer wird es sonst tun?«

– Kanye West, Rapper

Sie brauchen keine Glück bringenden Hasenpfoten oder Hufeisen. Nach den Worten von Richard Wiseman, Psychologie-Professor an der University of Hertfordshire in England und Gründer der Glücks-Schule, sind Menschen, die denken, dass sie glücklich sind, tatsächlich glücklich.

Nachdem er acht Jahre lang Hunderte von Menschen untersucht hatte, die sich entweder als ausgesprochen glücklich oder ausgesprochen unglücklich bezeichneten, kam Wiseman zu dem Schluss, dass glücklich zu sein nichts mit Karma oder Kismet oder ähnlichen Dingen zu tun hat, sondern damit, wie wir uns selbst sehen.

Der erste Schritt in der Glücks-Schule besteht darin, sich selbst als glücklich zu deklarieren. Wiseman fordert seine Studenten sogar auf, eine offizielle Erklärung zu unterzeichnen. Also prüfen Sie heute die Theorie des Professors nach, indem Sie kundtun, was für ein glücklicher alter Bastard Sie doch sind und dass dies vielleicht tatsächlich der beste Tag Ihres Lebens ist.

#S&F

Zeigen Sie uns, warum Sie glücklich sind.

Das Partygeschenk: Die Großzügigkeits-Kanäle der Welt freischalten

»Nur sehr wenig ist nötig, um ein glückliches Leben zu führen; es liegt einzig und allein an deiner Art zu denken.«

– Marcus Aurelius, römischer Kaiser

Murphys Gesetz, ein Diktum, nach dem die meisten von uns leben, besagt: »Alles, was falsch laufen kann, wird falsch laufen«.

Ich persönlich bin da anderer Ansicht.

Es ist nur unser Glaube an Probleme, der die Probleme am Leben hält. Unser ständiger Kampf darum, Lösungen zu finden, ist genau der Grund, warum wir sie nicht finden.

Vor Kurzem habe ich mit einigen Lesern telefoniert, die wissen wollten, ob ich einen bestimmten Prozess anbieten kann, um mit diesem Thema umzugehen. Einen »Prozess«? Ich fühlte mich beinahe schuldig, da ich keinen aus dem Ärmel schütteln konnte. Auch keine Sieben-Schritte-Lösung.

Ich weiß nur, dass ich jedes Mal, wenn ich mir den Kopf fusselig denke, nicht in meinem natürlichen Zustand der Freude lebe. Dass ich meine Wahrheit nicht lebe, die Tatsache, dass ich bereits frei und unbegrenzt bin.

Anstatt nach dem nächsten Lehrer zu suchen, dem nächsten Buch, dem nächsten Prozess, würde ich vorschlagen, dass wir ein wenig Zeit damit verbringen, dem FP-Gesetz zu folgen, das besagt: »Alles, was funktionieren kann, wird funktionieren«.

Sobald wir merken, dass alles richtig läuft, ist das von da an alles, was wir sehen.

Der Nachtisch

»Absolut alles steht uns zur Verfügung –
Leid und Freude, Trauer und Vergebung,
Horror und Transzendenz – es steht alles
auf der Speisekarte. Wir entscheiden, worauf
wir unsere Aufmerksamkeit richten.«

– JOSH RADNOR, als Ted Mosby
in *How I Met Your Mother*

Mary Karr schreibt in ihrer Autobiografie *Lit* über ihre Wandlung von einer zynischen Alkoholikerin zu einer tief überzeugten Gläubigen. Am Anfang lehnte sie alle Ratschläge ihrer Anonymen-Alkoholiker-Vertrauensperson ab, zu beten und um Hilfe zu bitten.

Wie sie es formuliert: »Auf keinen Fall … so weit wird's noch kommen, tut mir leid, geht gar nicht.«

Doch schließlich, in tiefster Verzweiflung, murmelte sie so was wie: »Hilf mir, mich besser zu fühlen, damit ich an dich glauben kann, du raffinierter Halunke!«

Sogar nachdem sie einen Anruf von der Whiting Foundation erhielt, eine Stiftung für angehende Autoren, die ihr einen mit 35 000 Dollar dotierten Preis zusprach, für den sie sich nicht einmal beworben hatte, hielt sie eisern an ihrer Skepsis fest. Es musste ein Zufall sein, dass der Anruf eine Woche nach ihrem Stoßgebet kam, oder nicht?

Doch die Segnungen häuften sich. Je mehr sie Dankbarkeit praktizierte, desto schneller kamen sie. Selbst beim Schreiben bat sie den »raffinierten Halunken«, ihr zu helfen, was schließlich zu ihrem Buch *Der Club der Lügner* führte, ein Memoir, das ein Jahr lang auf der Bestsellerliste der *New York Times* stand.

Doch meine absolut liebste Wunder-Geschichte steht am Ende von *Lit*.
Mary hatte eben erst ihre 80 Jahre alte Mutter aus dem armseligen Hotel im Süden von Texas, wo sie aufgewachsen war, umgesiedelt. Ihre Mutter, eine waffennärrische Alkoholikerin, deren mangelnde mütterliche Fähigkeiten eine bedeutende, wenn auch wenig erquickliche Rolle in Marys Leben und Schreiben spielten, fing an, sich zu beschweren.
Nach einer wütenden Konfrontation lag Mary mit dem Gesicht nach unten auf dem Teppich und fühlte sich wie ein elender Versager.
Als sie ihre Gebete wiederholte, erinnerte sie sich plötzlich an Passagen in der Bibel, die ihr eine von ihr hoch geachtete Franziskaner-Nonne mit auf den Weg gegeben hatte. Weil sie voll damit beschäftigt gewesen war, ihre Mutter umzusiedeln, hatte sie die Verse noch nicht gelesen.
Unter den noch verpackten Besitztümern ihrer Mutter fand sie eine alte, abgegriffene Bibel, die ihrer Mutter 1927 gewidmet worden war.
Sie blätterte durch die brüchigen Seiten zu Psalm 51:7-12, der ersten Passage, die ihr die Nonne empfohlen hatte. Ein Schauer überlief sie, als sie merkte, dass genau diese Verse mit hellblauer Kreide markiert waren. Ihre Mutter hatte Jahrzehnte zuvor die Verse mit einer Wellenlinie unterstrichen.
Wie eigenartig, dachte sie – teils weil sich ihre Mutter nicht durch besondere Frömmigkeit ausgezeichnet hatte, doch auch, weil es die gleichen Verse waren, die zu lesen ihr die Nonne empfohlen hatte.
Sonst waren keine Stellen in der Bibel markiert.
Erst als sie schließlich zum Neuen Testament vorgedrungen war, sah sie mit Erstaunen, dass die letzten der ihr empfohlenen Verse aus dem Buch Jakob mit der gleichen hellblauen Kreide markiert waren.

In ihren eigenen Worten: »Hier geht es nicht um die Teilung des Roten Meeres. Auch nicht um einen toten Freund, der aus seinem Verbandsmull auferstanden ist...« Nichtsdestotrotz ist es ein Wunder. Dass die kleine Hand ihrer Mutter vor mehr als einem halben Jahrhundert exakt die beiden Verse markiert hatte, die Mary 70 Jahre später lesen sollte, kann man wohl kaum als Zufall bezeichnen.

Wie Mary sagt: »Ich weiß, dass wir alle füreinander geschaffen sind. Ich fühle bis ins Mark die gute Kraft, die mich behütet – die jeden von uns behütet...«

»Es gibt Momente, da befinden wir uns in der Gegenwart des Göttlichen und erkennen für einen Augenblick, wie wir beschaffen sind, auf welche Art die Macht, die jedes Blütenblatt erfüllt, uns auf besondere Weise durchströmt und nichts anderes wünscht, als uns zu unserem vollen Potenzial zu führen.«

Spirituelles Kapital aufbauen

»Die Erde ist von der Gegenwart Gottes durchdrungen.«

– Ron Bell, Pastor und Autor

Dankbarkeit zu praktizieren erlaubt uns, das Leben auf seiner tiefsten, heiligsten Ebene zu erfassen. Wir erkennen, dass alles heilig ist. Jeder Moment. Jeder Mensch. *Alles was existiert.*

Die meisten von uns nehmen das Leben gar nicht wahr, das sich uns an den Hals wirft. Besessen wie wir sind von unseren Problemen und belanglosen Ärgernissen. Wie mein Freund Frank es ausdrückt, ist er häufig so mit seinen Gedanken beschäftigt, dass Jesus in all seiner Pracht vorbeikommen könnte und er würde es nicht bemerken.

Der brennende Dornbusch, von dem Moses sprach? Gut möglich, dass er schon eine ganze Weile brennt – und keiner von uns es bemerkt hat.

Dankbarkeit lässt uns erkennen, dass die Welt durchdrungen ist von einer magischen, heiligen Präsenz. Obgleich wir beherzte Versuche unternehmen, etwas Magisches zu schaffen (indem wir einen fantastischen Urlaub planen, reibungslose Partys organisieren, die perfekte Kleidung für jede Gelegenheit aussuchen), zeigt sich die Präsenz dieses »Unerklärlichen« in den alltäglichsten Momenten, in den banalsten Situationen.

Ich werde nie den Moment vergessen, als ich eines Tages durch meine Küche ging. Ich erinnere mich nicht mehr, was ich da gerade tat. Vielleicht einen schmutzigen Teller in den Geschirrspüler legen. Oder nachsehen, ob die Erdbeeren aufgetaut waren. Es spielt keine Rolle. Wichtig ist, dass ich plötzlich von einem Gefühl großer Freude überwältigt war, einem tiefen Gespür für die hinreißende Schönheit des Lebens. Ich wusste in dem Moment, dass, egal wie mein Kontostand aussieht, egal ob ich den erhofften Auftrag bekommen würde oder nicht, alles gut war. Nicht nur »gut«, sondern so unglaublich *schön*, dass ich – wenn ich nicht achtgebe – vor lauter Verzückung spontan explodieren könnte.

PARTYSPIEL NR. 8

»Nicht an den Knöpfen drehen, Ma'am!«

»Du kannst nicht zum Jahrmarkt reiten,
wenn du nicht aufs Pferd steigst.«

– Cheryl Strayed, Autorin von *Der große Trip*

In diesem Spiel werden Sie – egal was passiert – dem Universum den Vortritt lassen. Sie werden sich in Erinnerung rufen, dass etwas viel Größeres, Umfassenderes als Sie die Knöpfe drückt. Bevor Sie irgendwelche Vermutungen anstellen, bevor Sie überhaupt irgendetwas tun, werden Sie dem unendlichen, geheimnisvollen Kosmos laut zurufen. Sie werden tatsächlich zugeben, dass Sie nicht alles wissen.

Jawohl, Sie werden um *Hilfe* bitten. Ein Wort mit nur fünf Buchstaben, leicht auszusprechen.

Wenn Sie diesem größeren Etwas die Dinge überlassen (und Sie müssen noch nicht einmal »bitte« sagen), wird es Ihnen die Personen, die Bücher, die Lehrer und die Erfahrungen schicken, die Sie zu der Wahrheit, Schönheit und Herrlichkeit des Lebens erwecken.

#S&F

Zeigen Sie uns eine Überraschung, geliefert vom Universum.

Das Partygeschenk: Sich im Bereich des Mutterschiffs bewegen

»Wenn mein Kopf klar ist, sehe ich nur Schönheit. Es ist, als wäre mein Geist ein neues Sonnensystem, das voller Freude sein Licht ausstrahlt.«

– Grace Bell, Trainerin von Byron Katies *The Work*

Wenn Sie erst einmal im Einklang mit Ihrem wahren Selbst sind, einem heiligen Wesen ohne Anfang und Ende, können Sie sich daran machen, Schönheit zu erschaffen und Liebe zu verströmen.

Sie können damit aufhören, sich an etwas festzukrallen, und von den sinnlosen Plänen ablassen, mit denen Sie das lineare Selbst schützen wollen.

Sie sind *nicht* linear. Sie sind Licht, das sich vorübergehend als Anna oder Peter oder Jennifer ausgibt (die Person, die Sie Ihr »Ich« nennen). Ich selbst bin Licht, das sich vorübergehend Pam Grout nennt.

Wir haben uns so völlig auf dieses vorübergehende, zeitlich begrenzte Selbst fokussiert (das Sie Ihr »Ich« nennen), dass wir vergessen, wer wir wirklich sind. Wir haben vergessen, wie mächtig wir sind. Wir haben unsere wahre Aufgabe vergessen, die darin besteht, das Königreich des Lichtes und der Liebe zu vergrößern.

Das lineare Selbst ist durchaus eine nette Sache. Man kann es gut zum Abendessen mitnehmen, auf Fotos ablichten und sogar auf Facebook posten. Investieren Sie so viel Energie wie Sie wollen, um das lineare Selbst in Top-Form zu bringen. Verwöhnen Sie es mit Cremes und Make-up; verpassen Sie ihm die perfekte Frisur. Doch vergessen Sie nie, wer Sie wirklich sind – Gott in Verkleidung.

Der Nachtisch

»An Dinge zu denken, für die Sie dankbar sind, ist die einfachste Meditation. Fünf Minuten reichen schon. Und dann bitten Sie um alles, was Sie sich wünschen.«

– James Altucher, Autor von *Choose Yourself*

Neulich, als ich nicht auf der Dankbarkeits-Frequenz war und mir das Buch nicht so glatt aus der Feder floss wie ich wollte, bat ich in meinem Blog um Geschichten. Ich fragte, ob nicht vielleicht irgendjemand eine tolle Anekdote über Dankbarkeit zum Besten geben wollte, die sein Leben verändert hatte.

Und weil das Universum uns alles gibt, worum wir bitten, erhielt ich die folgende Story von Daniyela, Besitzerin einer Mode-Firma namens Bodhi Designs (www.Bodhidesigns.com).

Genau wie ich war sie alleinerziehende Mutter und beruflich selbstständig. Doch im Unterschied zu mir arbeitete sie sehr hart. (Sorry, Mom, ich weiß, was du mir immer sagtest, doch ich spiele lieber jeden Tag Pickleball.)

Daniyela fühlte sich müde und erschöpft; sie vergaß, dankbar zu sein, und merkte, wie ihre Energie den Bach runterging, was irgendwann zu einem totalen Zusammenbruch führen würde.

Doch bevor es so weit kam, nahm sie sich zum Glück einen Tag frei. Sie machte einen Spaziergang in der freien Natur und atmete bewusst die ganze Schönheit ein, die sie umgab. Sie machte sich sogar einen meiner Lieblingstricks zu eigen: Sie fing an, alles aufzuschreiben, wofür sie dankbar war.

»Ich schrieb eine Seite nach der anderen voll mit allem, wofür ich dankbar war, und ich fühlte, wie die Energie sich von einem nebligen Grau in ein strahlend helles Licht verwandelte«, schrieb sie.

Bald fühlte sie sich beschwingt und voller Freude. Sie stimmte sich auf das göttliche Summen ein. Jeder gute »Manifestierer« kann Ihnen sagen, dass dies der *perfekte* Zeitpunkt ist, um das zu bitten, was Sie haben wollen.

Sie beschloss, dass sie Urlaub brauchte, echte Ferien, in denen sie »den Stecker herausziehen« konnte, etwas, das sie sich seit Jahren nicht gegönnt hatte.

Aber wie?, fragte sie sich. *Ich kann es mir nicht leisten.*

Wenn Sie auf der Frequenz der Dankbarkeit sind, ist *Wie?* eine total irrelevante Frage.

Sie zog ihr »T-Shirt des Reichtums« an (einer der Vorteile, wenn man eine eigene Modelinie hat: Sie können sich das passende T-Shirt aussuchen) und machte sich an die Arbeit.

Wenn Sie eine Absicht fassen, stellen Sie sich einen Schmortopf vor. Fügen Sie die Zutaten hinzu – und *voilà!* Es dauert nicht lange, und bald werden Sie etwas Köstliches riechen.

Spätabends erhielt sie eine SMS von einem Freund, der in Frankreich lebt. Sie plauderten eine Weile über dies und das, bis er sie schließlich fragte:

»Hast du in absehbarer Zeit Urlaub?«

Sie überlegte kurz und sagte dann, dass ihre Tochter in der ersten Augustwoche ihren Vater besuchen würde.

»Aus heiterem Himmel[3]«, erklärte sie, »bot er mir seine Guthabenmeilen und sein Appartement an. Beinahe hätte ich abgelehnt, da ich das Ganze als ›viel zu großzügig‹ empfand.«

Doch sie kam noch rechtzeitig zur Vernunft und erinnerte sich, dass das Universum hinter ihr stand und dass die einzige richtige Antwort lautete: *»Danke!«*

---

3 »Aus heiterem Himmel« ist das Synonym für das göttliche Summen, Gott, FP.

PARTYSPIEL NR. 9

Verabreden Sie sich mit Billy Fingers

»Wo wäre der Jedi ohne die dunkle Seite?«

– Jay Heinrichs, Chefredakteur der Zeitschrift *Spirit*

Billy Fingers – falls Sie das magische Buch *Das zweite Leben des Billy Fingers* von Annie Kagan nicht gelesen haben – war Annies Bruder, der nach seinem Tod wiederkam, um zu beweisen, dass unser wahres Wesen nicht an den Körper gebunden ist und in allen Dimensionen existiert.

Der Körper/Verstand, der Sie zu sein glauben, ist im Grunde genommen irrelevant. Er altert. Er wird krank. Er ist nicht Sie. Als wir auf diese materielle Ebene kamen, haben wir uns einen Körper ausgesucht – ähnlich wie bei dem Computer-Rollenspiel *World of Warcraft*, wo wir uns entscheiden, eine Nachtelfin oder ein Goblin zu sein. Und dann eine Klasse, Fraktion, den passenden Bart etc. wählen.

Dies ist ein Spiel, in dem Sie erkennen, wie tief greifend Sie alles durch Ihre Sicht der Dinge einfärben und daher beeinflussen.

In diesem Spiel werden Sie in Kontakt mit Ihrem kosmischen Selbst kommen. Sie werden alltägliche Momente nutzen, um sich Ihres grenzenlosen Selbst bewusst zu werden.

Hört sich irgendwie abgehoben an, ich weiß. Doch es ist tatsächlich sehr einfach. Jedes Mal, wenn Sie daran denken, ziehen Sie Ihre Aufmerksamkeit von dem ab, was Sie gerade vor der Linse haben. Nehmen Sie sich immer wieder mal einen Moment Zeit, um die äußeren Grenzen Ihres Bewusstseinsfeldes wahrzunehmen. *The Way of Mastery*, ein gechanneltes spirituelles Buch der Shanti Cristo Foundation, nennt dies »sich auf den darunterliegenden Glanz« fokussieren.

Wir wollen sogar noch weiter gehen und jede Störung als einen Segen betrachten. Wir werden »Danke« sagen für alles – insbesondere für Dinge, bei denen wir normalerweise denken: *Das geht ja gar nicht!*

Denn jedes Mal, wenn ein »Das geht ja gar nicht!«-Moment auftaucht, ist es eine weitere Chance, ihn anzunehmen, ihm zu vergeben, und ja, sogar ihn zu lieben. Weil er dann, und nur dann, die Möglichkeit hat, friedlich von dannen zu ziehen.

Es ist immens hilfreich, sich an das Übergeordnete zu wenden. Ich persönlich würde ungefähr Folgendes sagen:

Okay, FP, hier ist sie mal wieder, diese verdammte Unsicherheit – ups, ich meine natürlich dieser schöne Teil von mir, der danach schreit, geliebt zu werden. Im Moment scheine ich durch meine Gefühlsreaktionen beherrscht zu werden. Natürlich würde ich liebend gerne aus diesem alten Muster ausbrechen. Daher danke ich dir dafür, mir erneut eine Chance zu geben, endlich den strahlenden Glanz wahrzunehmen, der sich hinter dieser irreführenden Interpretation der Dinge verbirgt. Ich lasse sie los. Sie gehört dir. Gib mir Fünf!

Und jetzt ziehen Sie los. Amüsieren Sie sich und sehen Sie, was passiert!

#S&F

Zeigen Sie uns einen früheren »Das geht ja gar nicht!«-Moment, der heute strahlt und schimmert.

Das Partygeschenk: Den Röntgenblick einsetzen

»Die Welt braucht mehr Leute,
die zum Leben erwacht sind.«

– Howard Thurman, Autor und Bürgerrechtler

Wenn Sie sich ganz der Wahrheit verschreiben und sich nur noch danach sehnen, Freude, Großzügigkeit und Frieden wahrzunehmen, wird die Ebene des Unsichtbaren sichtbar. Wenn Sie auf der Frequenz der Freude leben – wenn Sie Ihre Schwingung auf die Ebene des Wunderbaren heben – erwacht das, was sich durch Sie ausdrücken möchte, zum Leben.
Sie zaubern buchstäblich alles auf Ihre materielle Ebene, worauf Sie Ihre Aufmerksamkeit richten. Wenn Sie Ihre Aufmerksamkeit darauf richten, was noch nicht sichtbar ist, werden Wunder zu einem alltäglichen Ereignis.
Sie sagen dem Universum: »Lass mich Schönheit sehen. Lass mich Liebe sehen. Lass mich Gott sehen.« Wenn das alles ist, was Sie sehen *wollen*, ist das alles, was sie sehen *werden*.

Der Nachtisch

»Tue alles, um glücklich zu sein.«

– *The Way of Mastery*

Übernimm Verantwortung.
Bleib auf dem rechten Weg.
Werde endlich erwachsen, Herrgott noch mal!
Mein eigenes Leben ist das perfekte Beispiel dafür, was möglich ist, wenn wir aufhören zu kämpfen und uns mit dem Universum in Einklang bringen.

Ich bin eine alleinerziehende Mutter aus Kansas. Jeder, der über einen Rest von Vernunft verfügt, würde mir raten, einen richtigen Job zu finden und meinen närrischen Traum aufzugeben, als Autorin um die Welt zu reisen.

Meine Freundin Carol gab mir in einer lahmen Phase meiner Karriere den Rat: »Du solltest dich bei *Borders* bewerben. Wenigstens wirst du dann von Büchern umgeben sein.«

Nun, soweit ich weiß, gibt es diese Buchladenkette nicht mehr. Mir hingegen geht es ausgesprochen gut, danke sehr.

Diese meine Leidenschaft – als ich aufhörte, das Leben zu bekämpfen, als ich aufhörte, den Stimmen zu glauben – bot mir all die Sicherheit, die meine Mutter für mich wollte, als sie mir vorschlug, einen Abschluss in dem aufstrebenden Bereich der Computerprogrammierung zu machen.

Als Kinder wissen wir alle, dass es Magie gibt. Wir haben Sternschnuppen, kosmische Galaxien, Wirbelwinde in unserem Inneren. Doch dann werden uns diese Dinge aberzogen, werden mitsamt dem nicht mehr benutzten Hamsterkäfig in die hinterste Ecke verbannt.

Die Menschen haben Angst vor der in uns allen schlummernden Wildheit. Weil sie sich schämen und deprimiert sind, finden sie sich damit ab, in einer Tretmühle zu arbeiten.

PARTYSPIEL NR. 10

Entscheiden Sie, wie Ihr Tag heute werden soll

»Ich kann jammern. Oder ich kann danken!«

– NANCY LEIGH DEMOSS, Autorin von *Der Schlüssel zur Freude*

In den Abraham-Hicks-Lehren (berühmt geworden durch das Buch *Wunscherfüllung*) wird diese Übung »Im Voraus bezahlen« genannt. Zum Beispiel wenn Sie der Welt verkünden, wie sich Ihr Tag abspielen soll. Das ist der Grund, warum ich vergnügt sage: »Etwas hinreißend Wunderbares wird mir heute passieren.« Diese Ansage gebiert buchstäblich die Art von Erlebnis, die Sie sich wünschen. Sie beobachten (in der Quantenphysik bedeutet dies so viel wie »stören« oder »beeinflussen«) den Tagesverlauf.

In der Regel überlasse ich die Einzelheiten dem Universum. Ich habe festgestellt, dass seine Idee von hervorglänzender Grandiosuperkeit (ja, das ist ein erfundener Begriff) viel umfassender, viel schöner ist als alles, was ich mir je einfallen lassen könnte. Doch wenn irgendetwas Besonderes angesagt ist – sagen wir ein Interview oder ein Geschäftstermin oder etwas, das mich nervös macht – kann es sein, dass ich ein bisschen spezifischer vorgehe. Meistens bin ich darauf bedacht, das Beste in mir zum Vorschein zu bringen.

Ein Kurs in Wundern versichert mir, dass ich einen entsprechend großartigen Tag haben werde – es sei denn, ich treffe eine eigene Entscheidung (indem ich anfange, mich schlecht zu fühlen und dem Tag die Schuld zu geben, weil er nicht kooperiert).

#S&F

Zeigen Sie uns, wie Sie in den Tag gestartet sind.

Das Partygeschenk: Lassen Sie Ihren Weg erstrahlen

»Begeisterung, Freude und Liebe zu fühlen ist das Einzige, was Sie wirklich vom Leben wollen. Wenn Sie das jederzeit haben können, wen kümmert es dann, was außen passiert?«

– Michael Singer, Autor von *Die unbändige Seele*

Wenn Sie Netflix-Kunde sind, wird Ihnen eine Kategorie mit dem Namen »Weil Sie … angeschaut haben …« aufgefallen sein, die alle Filme, TV-Shows oder Dokumentarfilme auflistet, die in dieselbe Sparte fallen wie Ihre normalen Sehgewohnheiten. Netflix geht davon aus, dass Sie diese Angebote schätzen, weil sie, nun ja, so ähnlich sind wie die Sachen, die Sie bisher gewählt haben.

In ähnlicher Weise empfiehlt Amazon Bücher und Produkte, die mit Dingen assoziiert sind, die Sie in der Vergangenheit gekauft oder angeschaut haben.

Und das Universum funktioniert genauso. Es schickt kontinuierlich Menschen, Ideen und Ereignisse, die die Frequenz widerspiegeln, die Sie aussenden, den Kanal, den Sie als Sprachrohr benutzen.

Es liefert Ihnen diese Geschenke, die dem entsprechen, was Sie früher ausgesucht haben, frei Haus. Weder urteilt es noch zweifelt es daran, dass das, was Sie in der Vergangenheit gewählt haben, nach wie vor das ist, was Sie wollen. Es denkt nicht: *Also*

gut, ihre Eltern und ihre Gesellschaft haben offensichtlich etwas nicht kapiert, also werde ich ihr andere Sachen schicken.
Nein. Es schickt genau das, was dazu passt.
Wenn Sie also stets daran denken, was Ihnen fehlt, und Ihr Leben damit verbringen, sich auf das zu fokussieren, was schiefgehen könnte, dann wird das Universum Ihnen gerne auch weiterhin das Entsprechende schicken.
Doch wenn Sie sich auf einen neuen Kanal einstimmen, wenn Sie anfangen, sich eine andere Art von Film anzuschauen – einen Film, der Ihnen Spaß macht –, werden mehr Menschen, Ideen und Ereignisse Ihres Weges kommen, die dieser höheren Frequenz entsprechen.

Der Nachtisch

»Freiheit finden nur jene, die komplette Verantwortung für ihre Schöpfungen übernehmen.«

– The Way of Mastery

B. J. Novak, am besten bekannt für seine Rolle als Ryan in der US-Fernsehserie *The Office*, ist Stegreifkomiker, Drehbuchautor, Regisseur und Autor des einzigen Bilderbuches ohne Bilder, das wochenlang auf der Bestsellerliste der *New York Times* stand. Mit anderen Worten, der klassische Ehrgeizling. Anders als viele kreative Typen, die von ihren Eltern gedrängt wurden, ihren verrückten Traum zu vergessen und lieber Jura zu studieren, betrachtete Novak ein Leben für die Kunst immer als vernünftigen Plan für eine erfolgreiche Karriere. Sein Vater, Ghostwriter der Memoiren von Nancy Reagan, Magic Johnson und Lee Iacocca, war ein erfolgreicher Autor, sein Bruder ein erfolgreicher Komponist. Es kam Novak nie in den Sinn, dass Schriftsteller zu sein eine verrückte Idee sei.

Während seines Harvard-Studiums schrieb er für die Satire-Zeitschrift *The Harvard Lampoon* und nur ein paar Tage nach seiner Abschlussprüfung ergatterte er kurzzeitig einen Schreibjob bei Bob Sagets Sitcom-Serie *Raising Dad.* Danach heckte er auf MTVs *Punk'd* Lausbubenstreiche mit Ashton Kutcher aus, perfektionierte seine Karriere als Stegreifkomiker, arbeitete mit seinem Vorbild Quentin Tarantino und bekam schließlich die Rolle des sich ständig weiterentwickelnden Ryan Howard, die ihm zum Durchbruch verhalf.

Mit einem solchen Lebenslauf glauben Sie vielleicht, dass Novak ein Workaholic ist, ein Sklave seiner Kunst. »Nicht im Geringsten«, sagt er.

Die wichtigste Komponente seines Erfolges, das Ding, das ihm am meisten hilft, alles hinzukriegen, besteht darin, sich zuerst auf eine Frequenz der Freude einzuschwingen. Er nennt dies »sich stark machen«, und dazu gehört, dass er nach einer Idee sucht, die ihn begeistert, und alles tut, was nötig ist, um sich selbst rundum glücklich zu machen.

»In guter Stimmung zu sein ist der wichtigste Aspekt des kreativen Prozesses«, sagt er. »Aber man muss es nur in jedem Augenblick sein.«

PARTYSPIEL NR. 11

Das geheime Leben der Bäume erkunden

»Du wurdest geschaffen und hierher verpflanzt, um deinem eigenen Erstaunen eine Stimme zu geben.«

– Annie Dillard, Autorin von
Pilger am Tinker Creek

Isaac Luria, ein jüdischer Mystiker aus dem 16. Jahrhundert, lehrte, dass unsere Mission auf der Erde darin besteht, heilige Funken zu versprühen und den Vorhang zur Seite zu ziehen, um das Licht erstrahlen zu lassen. Intensive, fokussierte Verehrung ist eine Möglichkeit, das zu erreichen. Danke zu sagen für diese eine Präsenz, die alles durchdringt.

In diesem Spiel setzen Sie sich vor einen Baum Ihrer Wahl. Wie die Autorin Anne Lamott sagt: »Bäume sind so groß, dass sie uns zum Schweigen bringen.« Machen Sie »Ihren« Baum zum Symbol der Schönheit der gesamten Schöpfung. Zählen Sie seine vielen Farben und erlauben Sie jedem Detail, Staunen und Ehrfurcht in Ihnen zu wecken.

Auch auf die Gefahr hin, dass ich mich wie eine alte Hippiebraut anhöre, die auf einem LSD-Trip hängen geblieben ist, möchte ich Ihnen außerdem nahelegen, den Baum … na ja, Sie wissen schon, ihn mal kurz zu umarmen. Matthew Silverstones faszinierendes Buch *Blinded by Science* präsentiert jede Menge Beweise, dass Zeit mit Bäumen zu verbringen die Konzentration verbessert, Kopfschmerzen beseitigt und sogar Stress und Depressionen lindert. Der Tao-Meister Mantak Chia, der seine Schüler das Meditieren mit Bäumen lehrt, sagt, dass Bäume natürliche Prozessoren für das Loslassen negativer Energie sind. Gemäß der Sichtweise des Tao besitzen Bäume – weil sie lange an derselben Stelle »geerdet« sind – die Fähigkeit, Energie zu verwandeln und universale Kräfte aufzunehmen.

#S&F

Zeigen Sie uns Ihren Baum.

Das Partygeschenk: Vorausschauen

»Magie ist dabei, die neue Norm zu werden.«

– Bentinho Masaro, spiritueller Lehrer,
noch keine dreißig

Wenn ich einen Hilfeschrei von einem Leser bekomme, der ungefähr so lautet:
»Ich begreif' es einfach nicht – ich hab' dem Universum 48 Stunden gegeben, und nichts, nada, Zero!«… möchte ich ihn am liebsten fragen:
»Bist du nach draußen gegangen? Hast du die Sterne gesehen? Hast du das Konzert der Zikaden gehört, die sich 17 verdammte Jahre lang unter der Erde versteckt, an Baumwurzeln gütlich getan und gewartet haben, um in einem ohrenbetäubenden Crescendo der Fülle an die Oberfläche zu kommen?«
Zuweilen empfinde ich eine gewisse ungeduldige Arroganz, bin versucht, jene Millionen von Menschen anzuknurren, denen es nicht im Traum einfallen würde, die neueste Folge von *Germany's Next Top Model* zu versäumen, aber das freudige Summen des Lebens direkt vor ihrer Haustür nicht wahrnehmen. Ich werde verleitet, mich jenen Urlaubern überlegen zu fühlen, die einen Haufen Geld für Öko-Ferien ausgeben, um »die Schildkröten in Costa Rica zu retten«, während sie nicht

einmal drei Pflanzen in ihrem eigenen Hinterhof benennen können.

Doch ich kann nicht wirklich mit dem Finger auf sie zeigen. Auch ich überhöre manchmal den Soundtrack der Natur. Zu oft schon habe ich mich in meinem Haus eingeigelt, die Fenster geschlossen, ohne die geringste Notiz zu nehmen von den Lerchen und Baumfröschen, die jubilierend nach einer Partnerin suchen. Ich fahre achtlos vorbei an der Fuchsmutter und ihren Zwillingsjungen, die an der Straßenseite entlanggehen; versäume das Eichhörnchen, das auf meinem Zaun wie auf einem Drahtseil balanciert; die Tausenden von Babyspinnen, die aus dem Beutel hüpfen, den ihre Mutter neben meinem Komposthaufen gesponnen hat.

Meistens ist es mein Smartphone – und nicht das kontinuierliche Klopfen des Spechts – das mich am Morgen weckt.

Doch wie wunderbar sind jene Tage, wenn ich der Magie gewahr werde. Dann kann ich jede Stunde eine brandneue Episode in meinem eigenen Garten mitverfolgen.

Jeden Morgen geht die Sonne mit einer komplett anderen Palette von Farben auf und malt eine immer wieder neue Aussicht auf diesen großen Steinbrocken, der durch den endlosen Raum saust. Ein Chor von Vögeln lässt sich in den Bäumen vor meinem Fenster nieder, den frühen Morgen bejubelnd, Melodien schmetternd, die nie wieder auf die genau gleiche Weise erklingen werden.

Jeden Tag gehen wir an den bemerkenswertesten Dingen vorbei, Dingen, die – wenn wir dafür offen sind, wachsam und nach unseren segensreichen Geschenken Ausschau halten – uns die Knie weich werden lassen. Der feuerrote Sonnenuntergang. Die Ameisen, die mit Brotkrümeln bepackt zu der Ritze im Bürgersteig marschieren, die zu ihrer Kolonie führt. Die Brillentaube, die ihr Nest in unserem Blumentopf hinter dem Haus herrichtet.

All das ist irgendwie so, als würde man Gott einatmen.

Der Nachtisch, erste Portion

»Zelebriere die Verrücktheit, die Freude, Gott überall zu sehen!«

– Hafiz, persischer Dichter, den ich einfach anbete

Manche Mädchen möchten gerne Ballerina oder Fotomodell werden, wenn sie groß sind. Ich möchte Cindy Ross sein. Ich habe diesen legendären Dynamo von einer Frau vor ein paar Jahren in Südafrika kennengelernt, wo ich als Reiseautorin unterwegs war. Zu ihren vielen Errungenschaften gehört, dass sie den Appalachian Trail, den Pacific Crest Trail und den Continental Divide National Scenic Trail in ihrer ganzen Länge gewandert ist, Letzteren mit zwei Kleinkindern im Schlepptau. Sie und ihr Mann Todd haben ihr Haus selbst gebaut – und zwar ohne Bauunternehmen. Sie haben die Bäume gefällt, das Holz zurechtgeschnitten und dann das gesamte Blockhaus auf dem Appalachian Trail mit eigenen Händen errichtet.

Eines Nachts konnte Cindy nicht schlafen. Ihr Sohn Bryce hatte sich am späten Abend auf den Heimweg zu seiner neuen Wohnung in Philadelphia gemacht. Wegen Bauarbeiten auf der Autobahn dauerte die normalerweise anderthalbstündige Fahrt beinahe vier Stunden. Selbst nachdem er angerufen und ihr gesagt hatte, dass er sicher zu Hause angekommen war, konnte Cindy nicht einschlafen.

Sie hätte im Bett liegen bleiben und sich schlaflos herumwälzen können, die Tatsache verfluchend, um zwei Uhr morgens hellwach zu sein. Doch sie erinnerte sich an das, was sie ihre »alten Freunde am Himmel« nennt. Ihr fiel ein, dass genau diese Nacht eines der schönsten Spektakel des Jahres bieten würde: Meteoritenschauer. Sie zog sich was Warmes an und ging raus in ihren Garten.

Am dunklen Nachthimmel über ihrem Kopf sah sie die funkelnde Milchstraße. Kassiopeia und die Plejaden hingen an ihrem unsichtbaren Faden vom Himmel, bereit, sie willkommen zu heißen. Sie faltete ihre Hände, legte den Kopf zurück und wurde belohnt mit einer, zwei, drei Sternschnuppen.
»Einige waren so strahlend hell und lang, dass mir schier die Luft wegblieb«, sagte sie. »Sie waren so wunderschön und ich war ganz allein da draußen mit dem riesigen Himmel, der nur für mich diese tolle Show abzog!«
Alle Sorgen um die Sicherheit ihres Sohnes flossen aus ihr heraus in die Erde unter ihren Füßen.
»Ich schien mich auf das zu fokussieren, was wichtig war: Schönheit. Dass alles mit der Welt gut und richtig war«, fügte sie hinzu.
Obwohl sie sich versucht fühlte, ins Haus zurückzugehen, sich eine warme Decke zu holen und den Rest der Nacht draußen zu verbringen, begann sie, sich schläfrig zu fühlen.
»Nur noch eine«, sagte sie … bis sie schließlich, nach einem Dutzend Meteoriten-Feuerwerken, in ihr Blockhaus zurückging – aber nicht, bevor sie ein letztes Geschenk erhalten hatte.
Das Krächzen eines Käuzchens, das zu sagen schien: »Danke, dass du heute Abend mit mir hier draußen warst.«

Der Nachtisch, zweite Portion

»Wenn du wirklich die Natur liebst,
wirst du überall Schönheit finden.«

– Vincent van Gogh, spätimpressionistischer Maler

Die alte Weltsicht proklamiert, dass die Natur da ist, damit wir sie uns untertan machen, sie ausnutzen.

Doch je weiter wir uns von der Welt der Natur entfernen, desto nachdrücklicher versucht sie, den Kontakt zu uns herzustellen. Wie ein kleines Kind, das man nicht beachtet, wird sie lauter und lauter. Sie sagt: »Hey, wollt ihr kämpfen? Ich zeig's euch! Wir sind ein und dieselbe Energie. Wir sind eins.«
Deshalb kann ich Ihnen mit 100-prozentiger Sicherheit versprechen, dass Sie irgendwann im Laufe des 30-tägigen Experiments einen unmissverständlichen Segen von der Natur empfangen werden. Und die Chancen stehen gut, dass Ihnen Ihre Segnung durch einen Vogel überbracht wird. Sie wissen schon, jeder denkt, dass Delfine übersinnliche Kräfte besitzen. Vögel, zu dem Schluss bin ich gekommen, setzen sie aber ebenso gerne ein.
Nikola Tesla, der – als die Welt noch von Kerzenlicht erhellt wurde – ein elektrisches System erfand, das auch heute noch die Welt mit Energie versorgt, hatte eine besondere Beziehung zu Tauben. Eine bizarre Angelegenheit, bei der die Vögel ihm in die Augen schauten.
In den frühen Siebzigern versuchte Carlos Santana zu entscheiden, ob er Schüler von Sri Chinmoy werden sollte, einem indischen Guru, der bestimmte Ansprüche an seine Schüler stellte. Drogen und Alkohol aufzugeben war kein Problem für Santana, doch als Chinmoy ihn aufforderte, sich die Haare kurz schneiden zu lassen und seinen Bart abzurasieren, hatte der Spaß ein Ende.
»Lange Haare waren ein Zeichen der Ehre, meine Identität«, sagte Carlos Santana.
Er sprach mit seiner späteren Ehefrau, Deborah, und sagte in etwa Folgendes: »Ich weiß nicht, ich möchte nicht seltsam wirken, aber ich brauche irgendeine Art von Zeichen.«
Genau in dem Moment kam ein Vogel ins Zimmer geflogen, flatterte ein Weilchen herum und flog dann aus dem geöffneten Fenster davon.

»Holy shit«, sagte er. »Ist das jetzt echt passiert?«

Deborah sah ihn an und meinte: »Okay, ich nehme an, du wirst dir jetzt deine Haare schneiden lassen.«

Beim Schreiben dieses Buches habe ich diese Anekdote auf meinem Blog erwähnt und die Frage gestellt: »Hat noch jemand bemerkt, dass Vögel als Überbringer der neuen Realität agieren, die gerade im Entstehen ist?«

Innerhalb weniger Stunden erhielt ich Dutzende von Geschichten: Geschichten über Vögel, die Menschen in die Augen geschaut haben; Vögel, die Botschaften übermittelten.

Hier ist eine kleine Auswahl:

1. »Meine beiden Kinder und ich gingen an den Strand, um ein Lied für die Heilung des Wassers zu singen und für das Wasser zu beten. Ich wünschte, ich hätte ein wenig Tabak dabei gehabt, um es zusammen mit meinen Gebeten zu opfern. Als wir fertig waren, merkte ich, wie mein ältester Sohn auf mich zukam, gefolgt von einer Möwe, die etwas im Schnabel hielt. Als ich näher kam, drehte die Möwe eine Kurve und flog direkt auf mich zu. Ich schwöre, sie sah mir direkt in die Augen, während sie ihr Mitbringsel auf den Sand vor meine Füße fallen ließ. Nicht nur war es ein Beutel mit losem Tabak, sondern es war exakt die Marke (American Spirit), die ich für meine Gebete benutzte! Der totale Wahnsinn!«

2. »Eines Tages vor fünf Jahren, als ich gerade meditieren wollte, erschienen zwei wunderschöne Regenbogenpapageien genau vor meinem Fenster. Bis zu jenem Tag hatte ich sie noch nie gesehen, doch seitdem kommen sie *jeden Morgen, ohne Ausnahme!*«

3. »Als ich die Experimente in E^2 las und durchführte, war ich überglücklich und ein Geschenk nach dem anderen kam meines Weges. Der tollste Augenblick war, als 100 kleine Vögel zu meinem Tisch vor dem Café kamen, an dem ich saß: *Swoosh* – sie zoomten alle heran und landeten um mich herum, wie in einem Disney-Film. Und nur an meinem Tisch. Die wahre Freude bestand darin, das Gefühl zu haben, *gehört und geliebt* zu werden und eine einzigartige Antwort vom Universum zu erhalten.

4. »Ich bat meine spirituellen Führer um ein klares Zeichen, etwas, das unübersehbar war … bis ich erkannte, dass ein gewisses Maß an Vertrauen erforderlich ist. Um keine Unklarheiten aufkommen zu lassen, sagte ich: ›… und wenn es sich um Vögel handelt, dann muss es sich um eine wirklich augenscheinliche Botschaft handeln, weil ich keine Lust mehr habe, mir jeden roten Kardinal anzuschauen und mich zu fragen, was er bedeuten könnte.‹ Und prompt vergaß ich das Ganze.
Am nächsten Tag, während ich an meinem Schreibtisch saß und arbeitete, saß dieser gelbe Vogel, den ich nie zuvor gesehen hatte, im Gebüsch direkt vor mir. Er blieb lange genug hocken, damit ich ihn ausgiebig betrachten konnte, doch nicht lange genug, um ein Foto von ihm machen zu können. Ich dankte meinen spirituellen Führern für dieses klare Zeichen und ging kurz ins Haus. Genau in dem Augenblick hörte ich im Radio meinen absoluten Lieblingssong (er ist mein zuverlässiges, vertrauenswürdiges Zeichen vom Universum). Ich war so damit beschäftigt, diesem unüberhörbaren Zeichen zu danken (weil meine spirituellen Führer in meinem Namen Überstunden machten), dass ich eine Minute brauchte, um mich an den Titel des Songs zu erinnern: *Blackbird* von den Beatles!«

5. »Joan war meine Patientin, Freundin und Gefährtin beim Beobachten von Vögeln. Wir fingen mit der Vogelbeobachtung an, als sie nach Texas umzog. Jeden Mai rief sie mich an, um entsprechende Pläne zu schmieden, wenn sie auf dem Weg zu ihrer Familie in Long Island war. Letzten Mai wartete ich darauf, dass sie mich bald kontaktieren würde. Am nächsten Tag rief ihre Tochter an, um mir zu sagen, dass Joan gestorben war.

In dieser Nacht war ich sehr traurig, fühlte mich jedoch gleichzeitig so glücklich, sie gekannt zu haben. Ich wachte sogar um drei Uhr früh auf und schüttete in einem Gedicht für sie mein Herz aus.

Einige Tage später erzählte ich einer anderen Freundin von einem unserer letzten gemeinsamen Vogelbeobachtungs-Abenteuer. Ich hatte Joan versprochen, mit ihr zu einem beliebten Sumpfgebiet namens Basha Kill zu fahren, um nistende Adler zu beobachten. Als wir dort ankamen, hatten wir keine Möglichkeit, näher heranzufahren und die Adler zu sehen, da die Straße durch den heftigen Regen Tage zuvor weggeschwemmt war. Obwohl wir beide enttäuscht waren, machten wir uns auf den Weg zu einem anderen Teil des Sumpfgebiets, um zu sehen, welche Vögel wir da vielleicht finden würden. Als wir in ein offenes Feld einbogen, sahen wir plötzlich etwas herrlich Blaues aufblitzen! Es war ein Indigofink in dem strahlendsten Blau, das man sich vorstellen kann. Joan war so aufgeregt, als hätte sie eine Million Dollar im Lotto gewonnen! Ich hatte zuvor kaum jemals einen dieser Vögel zu Gesicht bekommen und war überglücklich, endlich ein solches Prachtexemplar zu erblicken!

Nachdem ich meiner Freundin diese Geschichte erzählt hatte und nach Hause fuhr, war ich glücklich und dankbar für meine Verbindung mit Joan. Als ich zu Hause ankam, sah ich aus dem Augenwinkel einen leuchtend blauen Blitz. Ich parkte den Wagen und fühlte, wie mein Herz schneller schlug. Ich sah aus dem Fenster und sah nicht nur einen, sondern *drei* Indigofinken, die zwanzig Meter entfernt in einer Reihe auf dem Zaun meines Nachbarn hockten!«

6. »Zurzeit fallen mir an den unmöglichsten Orten Vögel auf. Als ehemalige und scheinbar ›sehr zufriedene‹ Agnostikerin habe ich gelernt, dass das Leben viel mehr ist, als ich mir je träumen ließ. Und Vögel waren definitiv Teil dieser Magie.

   Meine liebste Vogel-Fan-Story jedoch – mit einer sehr klaren Botschaft – ereignete sich vor einigen Monaten.

   Die Frau meines Bruders Tim starb vor acht Jahren an Krebs und es fiel ihm ungeheuer schwer, sich von diesem Verlust zu erholen. Doch letztes Jahr ließ er endlich die Dunkelheit hinter sich und beschloss, ein Boot zu kaufen. Er hatte schon vor seiner Ehe davon geträumt, eines Tages eins zu besitzen und darauf zu leben. Wir schauten uns ein paar Boote an, doch keines schien das richtige zu sein – bis er mich in Bellingham, Washington, besuchen kam, um sich ein Boot anzuschauen, das er im Internet gesehen hatte.

   Es war perfekt, um darauf zu leben, und zu einem richtig guten Preis zu haben. Mein Bruder arbeitet als Testpilot bei Boeing. Das Boot hieß *The Island Pilot*. Es hatte einem früheren Piloten der Luftwaffe gehört. Auch mein Vater ist ein ehemaliger Militär-Pilot. Und genau wie alle Piloten (und ganz besonders unser Vater) hatte der Besitzer das Boot makellos in Schuss gehalten, sämtliche Aufzeichnungen und Checklisten lückenlos aufbewahrt (genau wie mein Vater und Bruder). Der Besitzer war ein ehrlicher, freundlicher Mann – um es kurz zu machen, es fühlte sich an, als würde Tim das Boot von seinem eigenen Vater kaufen.

Ich hätte es auf der Stelle gekauft, aber mein Bruder war noch nicht ganz so weit. Schließlich war dies ein großer Schritt für ihn.

Wie auch immer, nachdem wir uns das Boot angeschaut hatten, gingen wir zum Mittagessen in ein Restaurant am Hafen. Während wir auf unsere Bestellung warteten, holte Tim sein Smartphone heraus und fing an, diesen Bericht über die zehn besten und schlimmsten Dinge, wenn man auf einem Boot lebt, zu lesen.

›Sonnenuntergänge‹, ›Freiheit‹ und ›einfacher leben‹ gehörten zu den Vorzügen auf der Liste. Dann kamen die ›schlimmsten‹ Nachteile dran.

Nach dem Punkt ›keine Waschmaschine/Trockner‹ – was tatsächlich irgendwie blöd ist – führte der Autor als nächste Zumutung ›Möwen‹ an – vor allem wenn es darum ging, ihre Hinterlassenschaften zu beseitigen, um es mal elegant zu formulieren. Woraufhin ich ziemlich laut protestierte: ›Möwen?! Ich *liebe* Möwen!‹ (Was tatsächlich stimmt.)

Pam, ich schwöre beim Feld des Potenzials, dass genau in dem Moment – buchstäblich in der Sekunde, nachdem ich diese Worte gesagt hatte – die milde Gabe einer Möwe mitten auf meinem Kopf landete.

Ich war so vergnügt und musste so laut lachen, dass ich mein iPhone nahm und meinen Bruder bat, ein Foto zu machen.

Später hörte ich von erfahrenen Bootseignern, dass es ein ausgesprochenes Zeichen für Glück ist, mit Möwenkot getauft zu werden.

Jedenfalls begriff mein Bruder, was Sache ist, kaufte das Boot, fand bald darauf eine zauberhafte neue Freundin (auch Besitzerin eines Bootes) und lebt glücklich und zufrieden auf seiner *Island Pilot.*«

PARTYSPIEL NR. 12

Arrangieren Sie das Tortendiagramm neu

»Menschen leiden nur, weil sie ernst nehmen, was die Götter als Vergnügen gedacht haben.«

– Alan Watts, Philosoph

Nehmen wir an, etwas »Schlechtes« passiert. Ich setze dieses Wort in Anführungszeichen, weil es ein Urteil ist, das zu fällen wir nicht wirklich qualifiziert sind. Nichts ist tatsächlich »schlecht«, es sei denn, Sie bezeichnen es so. Um das Ganze noch deutlicher zu machen, wollen wir uns ein paar Ereignisse im Leben anschauen, die unsere Gesellschaft in die Kategorie »schlecht« verbannt hat. Zum Beispiel an Krebs zu erkranken oder Ihren Job zu verlieren.

Die Standardreaktion darauf sieht vor, in Panik zu verfallen, alle Ihre Freunde anzurufen und sich auf Basis der soeben erfahrenen Neuigkeiten irgendwelche Horrorszenarien auszudenken. Der damit ausgelöste »Ich armes Opfer«-Reflex verstärkt das Ganze noch zusätzlich.

Das Spiel geht so: Das nächste Mal, wenn Sie eine Nachricht bekommen, die Sie alles andere als entzückt, drücken Sie auf die Pause-Taste. Lassen Sie das Ganze erst einmal drei Stunden sacken. Oder drei Tage. Nachdem die drei Stunden (oder Tage) vorbei sind, dürfen Sie die größte Mitleids-Party der Welt schmeißen. An diesem Punkt können Sie heulen, sich auf die Brust schlagen und Ströme von Tränen vergießen, bis Sie dehydrieren.

In der Zwischenzeit benutzen sie diese drei oder 72 Stunden, um sich fünf Szenarien einfallen zu lassen, wie die Sache ausgehen und dabei Ihr Leben bereichern könnte. Zum Beispiel könnten Sie jetzt, da Sie den alten Job los sind, den Sie – geben Sie es ruhig zu – sowieso nicht mochten, eine Arbeit finden, bei der Sie nicht so weit pendeln müssen, besser bezahlt werden und bei der Sie Ihre Talente besser einbringen können. Ich sage nicht, dass es so laufen wird. Aber es könnte so laufen. Es zahlt sich aus, sich die große Palette an Möglichkeiten vor Augen zu führen, anstatt in die alten negativen Denkmuster zu verfallen.

Meine Freundin Anita Moorjani sagt jedem, den sie kennt, dass der Krebs, der sie beinahe umgebracht hat, das *Beste* war, das ihr jemals passiert ist. Der Titel ihres ersten Buchs lautet *Heilung im Licht*. Ihr riesiger Tumor zeigte ihr klar und deutlich, dass Angst ein Gedankenkonstrukt ist; dass sie so viel stärker ist, als sie dachte; dass das Universum weiß, was es tut, und sie sich entspannen und darauf vertrauen kann. So sehr, dass der Regisseur Ridley Scott vor Kurzem die Filmrechte zu ihrem Buch gekauft hat.

#S&F

Zeigen Sie uns die Geschichte, die Ridley Scott vielleicht als Nächstes verfilmen wird.

Das Partygeschenk: Alles ist relativ

»Lasst uns zusammen unrealistisch sein.«

– Grußkarte, die ich bei *Hobbs, the Host of Cool* in Lawrence, Kansas, gesehen habe

Man hat mich bezichtigt, unrealistisch zu sein, eine verrückte Idealistin, ohne Bezug zur realen Welt.

»Es ist unmöglich«, insistieren meine Kritiker, »die ganze Zeit dankbar zu sein. Das Leben verteilt auch Nackenschläge.«
Und ich wäre die Erste, die dem zustimmt.
Jedoch funktionieren selbst in Krisenzeiten 99,9 Prozent des Lebens nach wie vor nach Plan und laufen nach wie vor so effizient weiter wie dieser nervige Duracell-Hase.
In diesem Augenblick zum Beispiel strahlt mein Körper zweieinhalb Tonnen atmosphärischen Druck aus, der mich davor bewahrt, ins All hochzuschießen. Das ist ein verdammtes Wunder – 99,9 Prozent meines Lebens sind ein einziges verdammtes Wunder.
Jeder, der denkt, das Leben sei nichts als eine Tortur, ist ganz offensichtlich verblendet.
Um das Ganze noch deutlicher zu machen, lassen Sie uns ein paar Dinge festhalten:

1. Der Rock, den Sie im Büro tragen wollten, liegt zerknittert im Wäschekorb.
2. Die Autobahn ist voller Trottel, die an ihrem iPhone hängen.
3. Ihr Chef versteht nicht, was Sie meinen.

Und …

1. Sie sind Sternenstaub.
2. Kostenlose Flüssigkeit fällt vom Himmel – wissen Sie, wie außerordentlich bemerkenswert das ist?
3. Sie leben auf einem Planeten mit genau der richtigen Menge Sauerstoff …
4. … genau dem richtigen Verhältnis von …
5. … genau den richtigen Gasen.
6. Jede Ihrer Zellen hat Tausende von Mitochondrien, die Energie erzeugen, damit Sie mir und all den anderen Optimisten den Stinkefinger zeigen können.

Und das ist erst der Anfang.
Ich schlage nicht vor, dass wir Vogel Strauß spielen und den Kopf in den Sand von La-La-Land stecken. Doch warum widmen wir einen so großen Teil unseres Lebens dem Zehntel eines Prozentes, das nicht funktioniert?
Erledigen Sie die Sache mit dem zerknitterten Rock und dem Chef …
Und …
… vergessen Sie nie, dass die 100 Billionen Zellen Ihres Körpers aus der Teilung einer einzigen Zelle hervorgegangen sind.
Und …
… dass jede Stunde Millionen von neuen Zellen geboren werden, um die alten zu ersetzen.
Ohne, möchte ich betonen, irgendeine Anstrengung Ihrerseits. Tausende von Dingen sind für Sie heute schon richtig gelaufen. Was soll's also, wenn Sie einen Marmeladenfleck auf Ihrer Krawatte haben oder wenn Ihr Siebenjähriger sich weigert, aufzustehen und sich für die Schule fertig zu machen? Das meiste in Ihrem Leben funktioniert mit atemberaubender Effizienz.
Mich dünkt, die einzig vernünftige Herangehensweise besteht darin, das Tortendiagramm mit der Aufteilung, was gut beziehungsweise schlecht läuft, auf mein Leben zu übertragen. Von den 1440 Minuten, die mir pro Tag zur Verfügung stehen, verwende ich 0,1 Prozent dafür, um mich mit dem zu beschäftigen, was in die Hose geht. Und die restlichen 99,9 Prozent meiner Zeit verbringe ich damit, das Gute, das Wahre, das Schöne zu feiern.
Außerdem lohnt es sich anzumerken, dass, sobald ich das Gute, das Wahre und das Schöne feiere, die restlichen 0,1 Prozent nur noch eine Erinnerung aus grauer Vorzeit sind.

Der Nachtisch

»Unser gesamtes Wirtschaftssystem basiert darauf, uns von unseren Segnungen abzulenken.«

– Glennon Doyle Melton, Gründer von *The Online Community Monastery*

Ich habe meine helle Freude daran, Ereignisse in meinem Leben zu beobachten, die mich weitgehend in meinen Überzeugungen unterstützen, an denen ich als anarchistisch veranlagte Mutter festgehalten habe in dem Versuch, die Gesellschaft umzustürzen. Eine dieser subtilen Frequenzen, die sich hin und wieder ihren Weg bahnen, warnt mich davor, Institutionen zu vertrauen, da sie es darauf angelegt haben, uns unschuldige Individuen, die wir nur einfach unser Leben ohne ihre Lügen und Gängeleien leben wollen, zu schnappen.

Seit E^2 zu einem literarischen Phänomen wurde, sind meine Tage als alleinerziehende Mutter, die gegen derlei Mächte ankämpft, vorbei. Heute habe ich mehr als genügend Mittel, das zu tun, was ich tun will. Diese Mittel hatte ich eigentlich schon immer (genau wie Sie), doch war ich mir dessen in materieller Hinsicht nicht bewusst. Ich blendete sie aufgrund der ständigen Programmierung aus, die besagte, dass ich ganz alleine dastand und gegen den *großen Unbekannten* kämpfen musste.

Daher musste ich lachen, als sich ein Überbleibsel dieses alten anarchistischen Glaubenssatzes in meinem Leben manifestierte. Und das ging so:

Meine Steuerberaterin empfahl mir, ein SEP (was immer das ist) zu eröffnen, um einen Teil meiner Steuerlast hinauszuschieben. Auf ihren Vorschlag hin habe ich auf meinem Bankkonto die

Möglichkeit eingerichtet, diesen festgesetzten Betrag zur sofortigen Überweisung an eine Investmentfirma freizugeben (meinem früheren Feind, in meiner alten Denkweise). Doch als ich fröhlich anrief, um die Überweisung vorzunehmen (wobei meine Steuerberaterin verifiziert hatte, dass alles vorbereitet war), erhielt ich die Information, dass dies nicht möglich sei. Also musste ich den Scheck bis zur Deadline am 15. April per Post einreichen. Kein Problem, nur eine kleine Unannehmlichkeit.

Zumindest dachte ich das.

Obgleich der Brief als Overnight-Sendung registriert war, kam er nicht rechtzeitig an. Er kam gar nicht an. Das Ganze endete damit, dass meine Steuerberaterin das Geld von meinem Bankkonto mit der ausdrücklichen Aufforderung an den *großen Unbekannten* (alias die Investmentfirma) transferierte, den Scheck zurückzuschicken, sollte er jemals ankommen.

Als ich einige Zeit später auf einer vielbefahrenen Straße nach LaGuardia zurückfuhr, rief meine Bank an, um mich zu informieren, dass ich mein Konto überzogen hatte. Ich wusste, dass ich keine Schecks ausgestellt hatte, die mein Konto in die roten Zahlen gebracht hätten, und war entsprechend verwundert.

Es stellte sich heraus, dass die Finanzfirma, anstatt meinen Scheck wie versprochen zurückzuschicken, ihn eingelöst hatte. Mit anderen Worten, ich zahlte meine Steuern zweimal.

Meine Bank korrigierte diesen Irrtum unverzüglich, meine Steuerberaterin entschuldigte sich vielmals, und die Investmentfirma bot mir sogar an, einen Repräsentanten vorbeizuschicken, um mich zu beruhigen.

Meine erzürnte Steuerberaterin meinte: »Ich versteh' das einfach nicht. Diese Firma hat einen ausgezeichneten Ruf. So was ist vorher noch nie passiert.«

Ich lächelte und erklärte ihr, dass das auf meinem Mist gewachsen war. Das kleine Überbleibsel aus meinen »Nieder-mit-dengroßen-Unbekannten«-Tagen hatte dieses Missverständnis bewirkt.

Der Grund, warum die materielle Welt nicht mit Ihren Absichten zusammenzupassen scheint, ist, dass Ihr Bewusstsein noch immer an den alten Glaubenssätzen und Erwartungen festhält. Um es anders auszudrücken: Ihre Schwingung ist noch nicht frei von Störsignalen; es gibt immer noch elektromagnetische Interferenzen, die eine Übermittlung, die Sie senden oder empfangen, stört.

PARTYSPIEL NR. 13

Praktische Anleitung zur Identifizierung von Gedanken und Emotionen

»Du brauchst keine Selbsthilfe,
du brauchst Selbstliebe.«

– Amy B. Scher, Autorin von *Heile dich selbst – wenn es sonst keiner kann*

Die meisten von uns glauben, dass Gedanken einfach »passieren«. Wir sind der Ansicht, nur sehr wenig Kontrolle über unsere Gedanken oder die Schwingungs-Frequenz zu haben, die sie ausstrahlen. Spiel Nr. 13 hat zum Ziel, diese äußerst weitverbreitete Meinung als das bloßzustellen, was sie ist: kompletter Unsinn.

Es ist nicht nur wichtig, dass wir uns unserer Gedanken bewusst werden; genauso wichtig ist es, uns in eine Art Sherlock Holmes zu verwandeln, um jene Gedanken zu identifizieren, die unser Herz öffnen, und sie von jenen Gedanken zu unterscheiden, die wir wie ungebetene Hausierer behandeln sollten.

In diesem Spiel werden wir uns genau anschauen, wie sich verschiedene Gedanken und Emotionen auf Ihre Frequenz auswirken.

Und so geht's:

1. Lesen Sie die folgenden zwei Geschichten. Beide sind wahr. Bewerten Sie sie auf einer Skala von 1 bis 10. Von 10: »Ich bin so begeistert, ich kann kaum still sitzen!« bis 1: »Habe ich da gerade was gelesen?«

Geschichte A: Bei einer Schießerei am frühen Mittwochmorgen erschoss ein Polizeibeamter einen des Raubes verdächtigen Mann vor einem Hotel in der Nähe von Lambeau Fields, wie die Polizei mitteilt.
»Der Verdächtige stieg aus dem Auto mit einer Waffe in der Hand und weigerte sich, auf die Befehle des Polizisten zu hören. Er ging in Richtung Hotel und es kam zu einem Schusswechsel zwischen dem Verdächtigen und dem Polizeibeamten«, sagte Capt. Jody Crocker. »Der Verdächtige ist tot. Der Polizeibeamte ist unverletzt.«

Diese Geschichte wurde Wort für Wort aus einer Tageszeitung übernommen, und wenn Sie so veranlagt sind wie ich, hat Ihr Gefühls-Barometer kaum ausgeschlagen. Sie dachten wahrscheinlich: *Nix Neues, kennt man schon. Ich geb' dem Ganzen eine 1 oder eine 2.*
Hier ist die nächste Geschichte, auch wahr, erzählt von einem Pfarrer in meiner Kirche:

Geschichte B: Eine Touristin in New York wurde von einem Fremden, der eine Waffe in der Hand hielt, in einen Seitenweg gezerrt. »Hier, nimm meine Geldbörse«, sagte die Frau zu dem jungen Mann, der jetzt die Pistole an ihren Kopf hielt. »Du kannst sie gerne haben. Ich weiß, du glaubst, du brauchst sie. Doch ich liebe dich, und das Universum liebt dich, und in Wahrheit bist du so viel besser als das hier.«

Die Frau, die ich Jean nennen will, auch wenn das nicht ihr wirklicher Name ist, war mit dem »Großen Ganzen« in Kontakt. Und in dem Moment wurde ihr sonnenklar, was sie in Wahrheit ist: Liebe und Licht. Sie wusste, dass sie nie wirklich in Gefahr sein konnte. Und das Wichtigste: Sie verstand, dass

dieser junge Mann nicht »der Feind« war. Sie erkannte eine tiefe spirituelle Wahrheit: »Nur leidende Menschen fügen anderen Menschen Leid zu.«
Sie sah, dass sie an seiner Stelle genau das Gleiche getan hätte.
Das ist der Moment, in dem eine Verbindung hergestellt wird. Ich bin Du. Du bist Ich.
Die beiden sahen sich in die Augen. Und dann rannte er wie ein erschrockener Hase davon.
Einige Stunden später erhielt sie einen Anruf von der Polizei. Der junge Mann hatte sich gestellt und ihre Tasche abgegeben. Nicht nur das, später besuchte er die Frau unter der Adresse, die er von ihrem Führerschein kopiert hatte. Er sagte, er sei gekommen, um sich zu entschuldigen und sie wissen zu lassen, dass ihr völliger Mangel an Angst ihn tief in seinem Innersten verändert hatte. Kurz gesagt, sie hatte das Verbrechen regelrecht aus ihm heraus geliebt.
Ich weiß nicht, wie es Ihnen geht, aber mich macht diese Geschichte glücklich. Sie gibt mir Hoffnung. Sie unterstützt meine Überzeugung, dass wir in Wahrheit nicht getrennt voneinander sind und dass ein einzelner Mensch tatsächlich etwas bewirken kann, im Leben eines anderen Menschen und in der Welt generell. Ich gebe ihr eine 10.
Womit wir bei Teil 2 des Spiels angelangt wären:

2. Die beiden nächsten Geschichten, ebenfalls beide wahr, haben mit der syrischen Flüchtlingskrise zu tun. Bewerten Sie auch hier auf einer Skala von 1 bis 10, wie Sie sich dabei fühlen:

   Geschichte A: Auf ABCs *The Week with George Stephanopoulos* forderte der republikanische Spitzenkandidat die Überwachung der Moscheen in den USA und die Einrichtung einer Datenbank für syrische Flüchtlinge.

»Wir haben keine Ahnung, wer diese Leute sind«, sagte er. »Wenn syrische Flüchtlinge in unser Land strömen, wissen wir nicht, ob sie dem IS angehören, wir wissen nicht, ob sie ein trojanisches Pferd sind. Und ich will auf alle Fälle eine Datenbank und weitere Sicherheitskontrollen. Wir wollen uns durch Kontrolllisten absichern. Wir wollen uns durch Datenbanken absichern.«
Der republikanische Präsidentschaftskandidat misstraut den Statistiken, die besagen, dass die meisten syrischen Flüchtlinge, die nach Europa strömen, Frauen und Kinder sind.
»Wenn ich mir die Bilder von der Flüchtlingsbewegung und den Warteschlangen ansehe, dann sind das lauter starke, kräftige Männer. Das sind Männer, und ich sehe nur sehr wenige Frauen und Kinder. Da stimmt doch was nicht.«

Ich gebe dieser Geschichte eine 1, denn sie stimmt mich traurig; sie treibt einen Keil zwischen mich und einem Bruder, dem ich mit Liebe begegnen sollte.

Geschichte B: Als Cristal Logothetis, eine Mutter aus Kalifornien, im Fernsehen Bilder von syrischen Flüchtlingen sah, die in Griechenland ankamen, fielen ihr die jungen Mütter und Väter auf, die aus den Booten stolperten und Kinder trugen, die noch nicht laufen konnten.
Als sie das traurige Foto des kleinen syrischen Jungen sah, der ertrunken war, als seine Familie versuchte, einen sicheren Hafen zu finden, dachte sie: *Wie furchtbar! Das hätte mein Sohn sein können.*
Anstatt entsetzt die Hände über dem Kopf zusammenzuschlagen und zu resignieren, wie wir es so häufig tun, wurde Logothetis umgehend aktiv. Sie machte sich daran, Babytragen zu sammeln.

Sie erstellte eine Facebook-Seite mit dem Namen »Carry the Future« (Die Zukunft tragen) und fand Tausende von Menschen, die bereit waren zu helfen und den gespendeten Tragen sogar Worte der Ermutigung und Liebe beifügten. Nachdem Cristal einen Berg von Babytragen zusammen hatte, der ihre Erwartungen bei Weitem übertraf, flog sie mit zehn anderen Müttern nach Griechenland, um Familien aus den Booten zu treffen und den gestressten Eltern zu zeigen, wie sie die gespendeten Tragen benutzen konnten.

»Mehr als alles«, sage Logothetis, »bedeutete es diesen Familien ungeheuer viel zu wissen, dass die Welt ihnen helfen möchte.«

»Die Menschen wollen wirklich helfen, keine Frage. Sie müssen nur die richtige Gelegenheit finden, um sich zu engagieren. Wenn jeder etwas tut, egal wie viel, könnten wir eine spürbar positive Wirkung auf diesen Planeten haben.«

Also, welche der beiden Geschichten hat Ihnen das bessere Gefühl gegeben?

Es ist wichtig festzustellen, welche Gefühle diese beiden Geschichten bei Ihnen auslösen. Und Sie entscheiden, mit welchen Geschichten Sie Ihre Birne füttern wollen.

#S&F

Mit welcher neuen Geschichte füttern Sie Ihr Gehirn?

Das Partygeschenk: Die Bremsen loslassen

»Gedanken sind das Plastilin des Universums.«

– Michael Neill, *Hay House* Supercoach

Als ich noch ein Kind war, brachte die Firma Mattel eine elektrische Kochplatte auf den Markt, um gruselige Kriechtiere aus Gummi zu formen. Man musste nur Plastikmasse in eine gegossene Metallform geben, das Ganze auf ca. 200 Grad erhitzen, und – voila! – hatte man ein ganzes Gummi-Arsenal von Spinnen, Zecken, Käfern, Kakerlaken, Kröten, Schlangen und sogar Mini-Tintenfischen.

Und genau so ist es bei unseren Gedanken. Sie nehmen die reiche Substanz des Universums und formen sie zu den verschiedensten Dingen.

Gedanken sind, ihrer Natur nach, erfinderisch. In diesem Augenblick, ob Sie sich dessen bewusst sind oder nicht, benutzen Sie die elektromagnetische Kraft Ihrer Gedanken, um etwas zu erschaffen.

Wenn Sie etwas erfinden, ohne dass Sie auf der Frequenz der Freude sind, drücken Sie gleichzeitig aufs Gas und auf die Bremse.

Man lehrt uns die Welt auf eine bestimmte Art wahrzunehmen, und genau das kommt dabei heraus. Schon möglich, dass wir die Absicht haben, mehr Liebe in unser Leben zu bringen; doch wenn wir glauben – und immer schon geglaubt *haben*, seit der schöne Franz uns in der siebten Klasse einen Korb gegeben hat –, dass Liebe ein selten anzutreffendes Phänomen ist, etwas, das wir verfolgen und mit dem Lasso einfangen müssen, dann ziehen wir *genau diese* Realität an und nicht jene, die wir uns durch eine bestimmte Affirmation erschaffen wollen.

Wenn Sie ein Leben in Dankbarkeit führen, dann erschaffen Sie nicht mehr zufällig oder aus Versehen. Sie »erfinden« Ihr Leben und formen seine vielen Bestandteile mit der Knetmasse reiner Liebe.

Der Nachtisch

»Ich glaube, die Realität ist ein köstlicher Jux,
zu meiner Erbauung und meinem Vergnügen
in Szene gesetzt, und jeder gibt sein Bestes,
um mich glücklich zu machen.«

– Terence McKenna, Ethnobotaniker und Autor

Es gibt zwei magische Sätze, die ich immer benutze, wenn ich mich daran erinnern muss, dass wir diese Welt erfinden:

1. Die Materie ist nichts anderes als ein Produkt unserer Wahrnehmung.
2. Wir können jederzeit unsere Wahrnehmung und damit unsere Welt verändern.

Diese beiden Sätze habe ich in Rotterdam gelernt – ob Sie es glauben oder nicht, von einer wunderbaren 29-jährigen Frau, die nach einem lebensgefährlichen Motorroller-Unfall ihren Körper selbst heilte. Fünf quälend schmerzhafte Jahre lang konnte Natasja Frowijn das Bett nicht verlassen. Als ein Arzt nach dem anderen ihr sagte, dass sie den Rest ihres Lebens im Rollstuhl verbringen muss (sofern sie Glück hatte), war sie so weit, dass sie sich einen Batzen Morphium verpassen und Schluss machen wollte.

Doch stattdessen beschloss sie, sich selbst zu heilen – nicht für ihre Familie oder ihren Ehemann, sondern für sich selbst.

»Ich entschied, dass ich mich nicht nur selbst heilen, sondern ein wunderbares , erfülltes Leben haben würde«, sagte Natasja mir.

Sie bat ihre Ahnen im Jenseits um Rat und Hilfe und das Universum: »Zeig mir wie.«

An jenem Tag schaltete sie »zufällig« *Oprah* ein (ja, Oprah gibt es auch in Holland!) und sah Louise Hay, die gerade erzählte, wie sie sich selbst von Krebs geheilt hatte. Natasja hatte noch nie von Louise Hay gehört, doch das Zeichen war deutlich genug. Sie befand sich auf dem richtigen Weg.

In der gleichen Woche stand eine Frau vor ihrer Tür und bot einen achtwöchigen Kurs auf Basis von Louise Hays Buch *Gesundheit für Körper und Seele* an. Von diesem Moment an war Natasja in der Lage, so gut wie alles, was sie wollte, in ihr Leben zu bringen. Für sie ist das ein Kinderspiel.

Heute ist sie total gesund und führt das wunderbare Leben, das sie sich gewünscht hatte. Sie arbeitet in Teilzeit als Krankenschwester und den Rest der Zeit als Medium, wobei sie mit den Leuten auf der anderen Seite redet.

Sie ist schön und faszinierend, und ich bin sehr dankbar, dass ich sie kennenlernen durfte.

Während sie mir ihre Geschichte erzählte, kam mir der Gedanke: *Wow, diese Frau sollte ein Buch schreiben.* Und was soll ich Ihnen sagen? Sie hat bereits damit angefangen. Kurz darauf meldete sich eine Verlegerin und wollte ihr Manuskript sehen. Ich war verblüfft, wie schnell sie diese Gelegenheit in ihr Leben gezogen hatte. Viele Menschen brauchen Jahrzehnte, um einen Verleger für ihre Werke zu finden.

Jetzt werden Sie sich wahrscheinlich fragen: *Wie lautet die Geheimformel dahinter?* Lassen Sie sich nicht von ihrer Einfachheit täuschen, die Worte lauten: *Es ist okay.*

Egal was ist. Egal was mit Ihnen passiert, wichtig ist zu akzeptieren, dass es »okay ist«.

Egal wie Sie sich fühlen, »es ist okay«. Egal was Sie denken, »es ist okay«.
Die meisten von uns sind voller Vorurteile und Angst, anstatt einfach »okay« zu sagen zu unserem Leben. Wir reiben uns bei dem Versuch auf, die Dinge anders zu machen, als sie sind. Die liebevolle Intelligenz weiß genau, wie sie sich bei jedem von uns am besten entfalten kann. Doch wenn sich unsere kleinen Erbsengehirne einmischen (*Oh nein! Ich sollte mich nicht so fühlen. Ich muss sofort damit aufhören. Am besten rufe ich meine Freunde an und bespreche das Ganze mit ihnen. Oder gehe zu einer Selbsthilfegruppe, oder fang einen Blog an.)*, senden wir eine unklare Energie aus, die den Heilungsstrom blockiert.
Unsere Gedanken strahlen eine elektrische Ladung aus. Und wenn diese Gedanken negativ gepolt sind, errichten wir selbst das größte Hindernis für das Gute, das auf uns wartet.
»Es ist okay« ist die Energie der Liebe. Was auch immer passiert in Ihrem Leben, sagen Sie einfach »es ist okay« und überlassen es dem liebevollen Fluss des Universums, sich um die Details zu kümmern.

Kreatives Kapital vertiefen

»Alles um Sie herum wurde von Menschen erfunden, die auch nicht klüger waren als Sie. Und Sie können es verändern, Sie können es beeinflussen, Sie können Ihre eigenen Dinge erfinden. Sobald Sie das gelernt haben, werden Sie nie mehr sein wie zuvor.«

– Steve Jobs, Mitbegründer von Apple

Bei meinen TED-Vorträgen habe ich den Zuhörern einen Kreativitäts-Test gestellt. Wie bei den Aufnahmeprüfungen für das Medizin- und das Jurastudium, gibt es auch bei meinem Test eine Auswertung. Und hier ist der Test (er besteht nur aus einer Frage):

- Atmen Sie?

Wenn Sie auf diese sehr wichtige Frage mit »Ja« antworten, bedeutet es, dass Sie in hohem Maße kreativ sind.
Die wirkliche Frage dahinter lautet: *Sind Sie bereit, sich selbst das Geschenk der Kreativität zu machen?* Das ist der Moment, in dem das kreative Kapital auf den Plan tritt.

PARTYSPIEL NR. 14

Schreiben Sie eine neue Geschichte – eine, die Sie glücklich macht

»Zweifeln Sie das Vorgegebene an«

– ADAM GRANT, Professor an der Wharton School der University of Pennsylvania

Falls Sie den Film *Sie liebt ihn – sie liebt ihn nicht* gesehen haben, die Tragikomödie aus dem Jahr 1998 mit Gwyneth Paltrow in der Hauptrolle, werden Sie sich vielleicht erinnern, dass die Handlung zwischen zwei parallelen Universen hin und her wechselt: In dem einen Universum verfolgen wir die von Paltrow dargestellte Helen Quilley, wie sie die Metro in London nimmt; in dem anderen verpasst sie den Zug. Das führt in den beiden Universen zu total verschiedenen Resultaten.

In diesem Spiel wählen Sie sich also eine Geschichte aus, die Sie unglücklich macht, und erschaffen sich dazu ein paralleles Universum, in dem sich die Geschichte durch die Energie der Dankbarkeit und Freude zum Guten wendet.

Hier ist meine:

Die Geschichte: Es ist echt schwer, ein Manuskript zu überarbeiten.

Die Vorgeschichte: Da ich eine erfahrene Autorin bin, neige ich dazu, überarbeitete und korrigierte Manuskripte einzureichen. Außer ein paar Tippfehlern und einer Übertreibung hier und da – meine Spezialität! – gefällt den Lektoren in der Regel meine ursprüngliche Fassung. Tatsächlich ist dieses Buch das erste, das einer grundlegenden Überholung bedurfte. Meine Neurochemie predigt mir, dass es schwer ist, ein Buch zu überarbeiten. Als ich die Bemerkungen meiner Lektorin las, brachen meine Schaltungen im Gehirn in Stöhnen aus, und entsetzt dachte ich: *So ein verdammter Mist! Wie soll ich das je hinkriegen?!?*

Die Geschichte vom parallelen Universum: Da ich also weiß, dass meine Geschichte eine von vielen im Quantenfeld der unbegrenzten Möglichkeiten ist, war es meine Aufgabe, diese Geschichte so umzuschreiben, dass sie mich begeistert und glücklich macht.

Zuerst einmal, weiß ich tatsächlich mit absoluter Sicherheit, dass es schwer sein wird? Wie konnte ich das überhaupt wissen? Und dann fragte ich mich, mit Hilfe von Byron Katies dritter Frage aus ihrem Vier-Fragen-Buch *The Work*: *Wie reagierst du, was passiert, wenn du diesen Gedanken glaubst?*

Es fühlt sich schrecklich an. Es macht mir Angst. Es führt dazu, dass ich mich abwende, das Ganze aufschiebe und alles Mögliche tue, nur nicht schreiben. Ganz offensichtlich ist dies kein Gedanke, den ich »füttern« will, kein Gedanke, in den ich eine Menge Energie investieren möchte.

Wie also sieht ein Gedanke aus, der mir besser dienlich ist? Wie sehen Gedanken aus, die das unterstützen, was ich wirklich will?

Wie wär's mit einer Geschichte, bei der es darum geht, wie viel Spaß dieses Überarbeiten machen wird, wie viel besser und leichter das Buch zu benutzen sein wird. Was ist, wenn die Ergänzung all dieser durchführbaren Schritte (oder in diesem Falle Partyspiele) zur Folge hat, dass das Ganze zum Vergnüglichsten wird, was ich je geschrieben habe?

Beweise, die diese Version unterstützen, gibt es jede Menge. Erstens liebe ich es zu schreiben. Ich habe Notizhefte randvoll mit Ideen. Und es gibt mir eine weitere Chance, noch mehr Moleküle der Liebe und Freude auszusenden.

#S&F

Zeigen Sie uns einen Krümel Ihrer neuen Geschichte!

Das Partygeschenk: Segnungen einladen, die Ihnen in den Schoß fallen

*»Ein Wunder ist eine Einladung
zu einer neuen Geschichte.«*

– Charles Eisenstein, Autor
und rundum inspirierender Denker

Wenn Sie dem Universum total vertrauen, sich in seine liebevollen, fürsorglichen Arme fallen lassen, wissen Sie, dass alles, was passiert, das Potenzial hat, Sie wachsen zu lassen. Besonders Dinge, bei denen wir dazu neigen, sie zu verurteilen.

Das will ich auf keinen Fall.

Das würde ich nie machen.

In Wahrheit wollen Sie es sehr wohl. Aus dem gleichen Grund pilgern Golfliebhaber nach Cyprus Point, einem schwierigen Golfkurs in Pebble Beach, Kalifornien. Aus dem gleichen Grund nahm Sean Penn die Rollen eines brutalen Mörders, eines ermordeten schwulen Bürgermeisters und eines geistig behinderten Vaters an. Aus dem gleichen Grund spiele ich Pickleball mit Leuten, die tausendmal besser sind als ich.

Wir alle wollen unser Spiel verbessern. Und je früher wir sagen können, wenn auch mit zusammengebissenen Zähnen, *Ich wähle dies... Ich will das,* desto schneller können wir damit beginnen, die Herausforderungen zu nutzen, um unser Universum zu erweitern.

Der Nachtisch

»Geschichten über Wunder sind wichtig, weil sie uns helfen, das Bestehende infrage zu stellen.«

– Ram Dass, Autor von *Sei jetzt hier*

Nach Jahren des Erfolges als freiberufliche Autorin, mit 15 Büchern auf dem Markt und der Sicherheit regelmäßiger Schreibjobs für so namhafte Magazine wie *People, Travel & Leisure* und *Bridal Guide,* steuerte ich auf – wie es damals schien – eine Riesenkatastrophe zu.

Es war 2009. Ein ständiger Strom negativer Nachrichten über die Finanzkrise beherrschte die Titelseiten. Mein Beruf, Journalistin, gehörte zu den am meisten betroffenen Bereichen. Viele meiner Kollegen im Zeitungsgeschäft verloren ihren Job. Verleger reduzierten die Zahl ihrer Mitarbeiter und deren Vorschüsse.

In der Vergangenheit sagte ich immer, »Erzähl das jemand anderem« zu jedem, der Untergangsszenarien predigte, doch dieses Mal traf es meine eigene Brieftasche. Niemand, so schien es, wollte meine Schreibdienste in Anspruch nehmen. Ich konnte ums Verrecken kein Buch mehr verkaufen. Oder irgendeinen Artikel. Meine Existenz als unabhängige Autorin stand vor dem Abgrund.

Bis ich mich erinnerte: Eine Rezession (und meine Teilnahme daran, wenn auch nur passiver Natur) war nur eine von zehn Millionen (oder mehr) Möglichkeiten. Sie war nur eine der unendlichen Schichten und Überlagerungen in der Quantensuppe.

Als Überlagerung bezeichnet man in der Quantenwelt den Zustand, wenn die Partikel in unzähligen Zuständen, Positionen und Möglichkeiten durcheinanderwirbeln. Sie alle haben unterschiedliche Energien und Frequenzen und bewegen sich in unterschiedlicher Geschwindigkeit. Erst wenn sie übereinstimmen, verschmelzen sie zu einer materiellen Realität und zerstören auf diese Weise die ursprüngliche Konfiguration, in der alles möglich ist.

An diesem Punkt hatte ich kaum eine andere Wahl, als zu kapitulieren und alles dem Universum zu überlassen. Es war vollkommen offensichtlich, dass ich es alleine nicht schaffen würde. Ich fiel auf die Knie (um ehrlich zu sein, ich glaube, ich stand) und flehte: »Okay, mein Großer. Du hast meine Karriere in der Hand. Momentan versage ich auf ganzer Linie. Ich muss wissen, ob ich diesen verrückten Traum aufgeben soll oder nicht. Soll ich mir einen neuen Job suchen?«

Was wahrscheinlich alles war, was ich sagen musste. Aber *nein*! Ich wollte jammern.

Ich fuhr fort: »Ich bin Mutter, vergiss das nicht. Alleinerziehend. Meine Tochter geht in zwei Jahren aufs College. Ich bin in meinen Fünfzigern. Ich habe null Altersvorsorge. Ich fühle mich ein klein wenig unsicher. Habe ein bisschen Angst und mache mir Sorgen. Was um alles in der Welt soll ich nur tun?«

Und dann hörte ich diese Stimme:

Ich habe dich nicht jahrelang als unabhängige Autorin unterstützt, um dich jetzt wie eine heiße Kartoffel fallen zu lassen.

Wie immer, hast du auch jetzt eine Wahl. Du kannst weiter ausflippen. Wie du vielleicht bemerkt hast, bist du damit in bester Gesellschaft.

Oder …

Du kannst ein paar tiefe Atemzüge nehmen und dich daran erinnern, dass du so viel mehr bist als eine Schwarzmalerin in ihren Fünfzigern.

Zugegeben, dass deine freiberufliche Karriere zu einem völligen Stillstand kommt, ist durchaus eine der Möglichkeiten. Sie ist sogar irgendwie interessant, einer Seifenoper nicht unähnlich. Das schmeckt nach Drama, bringt dir Sympathie ein von Freunden und deiner Familie, und wäre ein Rückschlag, in Übereinstimmung mit der Mehrheit. Ausnahmsweise bist du mal nicht der Außenseiter.

Aber ich bitte dich, Pam, ist das wirklich der Moment, in dem du dich der Herde anschließen willst? Echt?

Ich mag dich. Und ich wäre nicht ich selbst, wenn ich dich nicht deine Erfahrungen selbst wählen lassen würde. Wie immer bist du es, die entscheiden kann, was dir wichtig ist.

Doch hier ist eine weitere Möglichkeit, die vielleicht interessant ist. Erinnerst du dich an den Vers aus der Bibel, den dein Vater immer gepredigt hat, in dem es heißt: »Bitte um etwas Großes«?

Hast du die unsichtbaren Gesetze vergessen, die das physische Universum regieren? Hast du vergessen, dass du ein Kind des Allerhöchsten bist?

Deine Kleine ist noch eine Weile in der Mittelstufe. Willst du tatsächlich heute entscheiden, dass du arm sein wirst, wenn sie aufs College geht?

Oder willst du das InfiNet abonnieren, wo alles möglich ist (im Gegensatz zum Internet, wo dir in erster Linie schlechte Nachrichten serviert werden).

Was, wenn du deine Ängste und Sorgen einfach loslässt? Was, wenn du beschließt, dich zu entspannen, dich auf die Frequenz der Dankbarkeit zu begeben und das Universum die Details für dich neu arrangieren lässt?

Ich schluckte und krächzte: »Okay!«

Ich fokussierte mich auf die Entwicklung eines anderen Betriebsmodells, einen Breitband-Kanal, über den Segnungen freier fließen konnten. Ich arbeitete an den Schaltungen in meinem Gehirn, die durch das Lesen der Titelseiten einen Kurzschluss erlitten hatten.

Meine Absicht war, das zu tun, was mich glücklich macht; mich auf die Dinge zu konzentrieren, die mir am meisten das Gefühl geben, quicklebendig zu sein: Schreiben und Reisen.
Ich nahm so viele Angebote für Reiseberichte wie möglich von der *Huffington Post* an. Die meisten meiner Autorenkollegen sträubten sich gegen die Vorstellung, Beiträge für dieses Online-Phänomen zu schreiben, das eines der wenigen Formate war, das noch haufenweise Storys publizierte.
»Wie konntest du nur?«, fragten die Kollegen mit bitterer Empörung. »Die zahlen doch nicht. Die *Huffington Post* ist für Leute wie Alec Baldwin und Marlo Thomas, die alle genug Kohle haben.«
Wenn auch HuffPo zugegebenermaßen mein finanzielles Dilemma nicht löste, beantwortete sie definitiv meine Frage: »Was möchte ich machen, wenn ich groß bin?« Wie ich immer gesagt habe, würde ich das, was ich tue, auch dann tun, wenn ich nicht dafür bezahlt werde.
Es ist nun mal so, dass ich *liebend gerne* schreibe. Und *liebend gerne* reise. Anstatt also zu Hause rumzusitzen, Daumen zu drehen und auf magische Gelegenheiten zu warten, stürzte ich mich volle Kraft voraus auf das, was ich liebe: Reisen und Schreiben.
Ich verfasste jede Menge Reiseberichte für die *Huffington Post*. Ich schrieb über Burgen in Prag, Festivals in Montreal, Bars in ausgehöhlten Baobab-Bäumen in Limpopo, Südafrika. Mit anderen Worten: Ich öffnete meine Kanäle für die Freude.
Eines Tages kam ich vom Joggen nach Hause und fand eine Nachricht auf meinem Anrufbeantworter von einem Typ namens Joe Littel. Er war aus Fallbrook, Kalifornien, und sagte, dass er einen Roman geschrieben hatte und meine Hilfe brauchte.
Ich nahm an, dass es sich wohl um einen Telefonstreich handelte. Wenn Sie Schriftsteller sind, ist es mehr oder weniger

unmöglich, ein Gespräch zu führen, ohne dass Ihr Gegenüber Ihnen erzählt, auch ein Buch zu schreiben oder eine fantastische Buchidee zu haben. Doch was soll's? Abgesehen von den aufregenden Trips in weit entfernte Klimazonen war mein beruflicher Terminplan so frei wie der Vogel in Lynyrd Skynyrds berühmtem Song *Free Bird*. Ich rief den geheimnisvollen Fremden an.

Es stellte sich heraus, dass Joe Littel tatsächlich existierte und einen äußerst erfolgreichen Lehrbuch-Verlag in Chicago aufgebaut hatte. Nachdem er seine Firma in den 1980ern an die Verlagsgruppe Houghton Mifflin verkauft hatte, zog sich Joe mit seinen Millionen nach Kalifornien zurück. Er sagte, er habe mich angerufen, weil er ein Fan von *Kansas Curiosities* war, ein Buch über skurrile Charaktere und andere Kuriositäten in meiner Heimat Kansas, das ich sieben Jahre zuvor geschrieben hatte.

Eher kein Aspirant für nationale Bestseller-Listen, hatte das Buch sich in Kansas dennoch recht gut verkauft. Meine örtliche Stadtbücherei kürte es einmal sogar zum *Read Across Lawrence*-Buch und kaufte Dutzende von Exemplaren, um sie an die Personen zu verteilen, die an der jährlichen Leseveranstaltung teilnehmen wollten.

Aber wie konnte ein Typ in Kalifornien, den ich weder persönlich noch dem Namen nach kannte, über ein Exemplar meines Buches gestolpert sein?

Joe hatte jede Menge faszinierender Geschichten zu erzählen. Als Sohn eines Missionars hatte er überall auf der Welt gelebt und später eine Eliteuniversität besucht. Und jetzt wollte er wissen, ob ich Interesse hätte, seinen Roman, der in Kansas spielt, zu lesen (gegen Bezahlung). Er wollte wissen, ob ich bereit wäre, sein Buch zu lektorieren, meine Kansas-Expertise hinzuzufügen und das Ganze ein bisschen »aufzupeppen«.

»Ich werd' mal in meinem Terminkalender nachschauen«, sagte ich, während mein Herz vor Aufregung laut schlug.

Ein paar Wochen später rief der Vizepräsident der American Automobile Association (AAA) an, um zu fragen, ob ich bereit sei, ein Web-Seminar über mein National-Geographic-Buch *The 100 Best Vacations to Enrich Your Life* zu geben. Alles, was ich tun musste, war, am Computer zu sitzen und Fragen zu beantworten.

Mit Vergnügen, aber gerne doch!

Und von dem Moment an glaubte ich wieder voll an die wohlwollende und grenzenlose Macht des Universums.

PARTYSPIEL NR. 15

Das Spiel der Gegensätze

»Indem wir uns auf eine Sichtweise festlegen, verlieren wir den Blick hinter die Dinge.«

– aus *Ein Kurs in Wundern*

Erinnern Sie sich an dieses beliebte Kinderspiel, bei dem man alles ins Gegenteil verkehrt?

Zum Beispiel: »Der Eiswürfel ist soo heiß«, »Megan Fox ist soo hässlich« oder »Ich mag dich gar nicht«, was natürlich bedeutet »Du bist mein Ein und Alles«.

Das Spiel funktioniert wunderbar, wenn Menschen Nörgeleien, Dummheiten und Fehlinformationen von sich geben. Das Spiel der Gegensätze hilft mir zu erkennen, dass es sich um dieselbe alte Leier handelt und die Menschen meine Liebe brauchen. Es hilft mir, nicht alles so furchtbar ernst und persönlich zu nehmen und mich an das zu erinnern, was ich das größte Geheimnis der Welt nenne: dass wir in Wahrheit alle einander lieben.

Meine Freundin Diane hat diese Taktik bei der amerikanischen Steuerbehörde angewandt. Anstatt mit Angst und Misstrauen zu reagieren, rief sie den für ihren Fall zuständigen Prüfer gut gelaunt an.

»Ich freue mich echt über unser Gespräch«, sagte sie, indem sie ihn bewusst wie einen lange verloren geglaubten Freund behandelte.

Nicht nur fiel dem überraschten Steuerprüfer (wahrscheinlich) fast der Hörer aus der Hand, doch er antwortete auf die gleiche Weise. Ihr ganzes Gespräch war wie ein großes Freudenfest.

Oder nehmen Sie Julio Diaz, einen Sozialarbeiter aus der Bronx, der von einem Jugendlichen mit einem Messer bedroht wurde. Er gab dem Jungen seine Brieftasche, und als der Angreifer wegrannte, rief Diaz ihm nach: »Hey, warte mal. Es ist kalt hier draußen. Falls du den Rest der Nacht noch mehr Leute ausrauben willst, kannst du auch noch meinen Mantel nehmen, dann frierst du wenigstens nicht.«
Das brachte den Jungen völlig durcheinander, also fuhr Diaz fort: »Wenn du bereit bist, deine Freiheit für ein paar lausige Dollar zu riskieren, dann nehme ich an, du brauchst das Geld wirklich dringend. Ich wollte gerade etwas essen gehen, und wenn du magst, kannst du mitgehen, ich lade dich ein.«
Gandhi, der – obwohl er Anwalt war – in Südafrika lernte, Sandalen zu machen, stellte ein Paar für Jan Smuts her, den südafrikanischen General, der ihn ins Gefängnis gesteckt hatte. Auf die Frage, warum er die Sandalen für den Mann geschustert hatte, erwiderte Gandhi: »Er ist genauso eine Geisel des Systems (der Apartheid), wie ich es bin.«
Radikale Aktionen wie diese mögen unbedeutend erscheinen, doch sie bringen die vorherrschenden Konzepte aus dem Gleichgewicht. Sie schaffen ein Resonanzfeld, das in die Welt ausstrahlt und sie ein bisschen liebevoller, ein bisschen sicherer, ein bisschen schöner macht.

#S&F

Zeigen Sie uns, welche Dinge Sie auf den Kopf gestellt haben.

Das Partygeschenk: Die Einstiegs-Droge in das Reich der Fülle finden

»Lache und spiele und liebe und träume jenseits aller Vernunft, und bald werden wunderbare Dinge passieren.«

– Martha Beck, Autorin von *Finding Your Way in a Wild New World*

Das göttliche Summen ist eine Energie, die viele Dinge bewirken kann. Dankbar zu sein und sich auf die Frequenz der Freude zu begeben, bringt wunderbare Dinge in Ihr Leben. Wenn Sie dankbar sind, werden Sie zu einem magnetischen Zauberstab, der die Eisenspäne all Ihrer Wünsche an sich zieht.

Wenn Sie meckern und sich beschweren, stoßen Sie das Gute ab.

Wenn Ihnen auch nur ein winziger Aspekt an einer unangenehmen Situation gefällt, können Sie sich voll darauf konzentrieren und ihn nähren. Wie ein Salatkorn fängt die Sache klein an, kann jedoch zu einem großen nahrhaften Grünzeug heranwachsen.

Dankbarkeit sorgt dafür, dass Dinge passieren. Sie ist der Samen, die Einstiegsdroge.

Es sei denn, Sie arbeiten lieber nach dem Konzept, dass stundenlange Visualisierungen und Jahre der Selbstgeißelung nötig sind, um etwas manifestieren zu können.

Sie sind bereits mit allem und jedem im Universum verbunden. Sie haben bereits alles erschaffen, was Sie sich wünschen. Es existiert bereits. Es ist eine Realität. Das Problem ist nur, dass Sie sich mehr darauf fokussieren, wie alles »zu sein scheint«, als auf die tatsächliche Realität.

Dankbarkeits-Junkies mit klaren, sauberen Schwingungen können alles, was sie wählen, im Handumdrehen auf die materielle Ebene holen. Nehmen Sie zum Beispiel Jesus mit den sich vermehrenden Broten und Fischen. Er verwandelte fünf Brotlaibe und ein paar Fische in ein Festmahl für Zigtausende. Sathya Sai Baba, ein Guru aus Südindien, besaß die Fähigkeit, Medaillons, Ringe und andere Schmuckstücke aus dem Nichts zu zaubern. Ich weiß, was Sie denken. Doch das ist genau die Denkweise, die zu Störsignalen führt. Alles, was Sie sich nicht als Möglichkeit vorstellen können, wird Ihnen *nie* möglich sein.

Ich werde hier Erlendur Haraldsson, emeritierter Professor der Psychologie an der Universität Island in Reykjavík, für mich sprechen lassen. Dieser distinguierte Gelehrte, dessen Artikel in vielen renommierten Magazinen veröffentlicht wurden, hat Sai Baba zehn Jahre lang studiert. Er schrieb ein Buch, *Sai Baba, ein modernes Wunder*, über seine Untersuchungen, und wenn er auch bereitwillig zugibt, dass er nicht beweisen kann, dass keine Massenhypnose oder Taschenspielertricks vorlagen, sah er (mit seinen eigenen Augen) massenhaft Beweise dafür, dass die Materialisierungen Sai Babas, die der Guru seit seinem 14. Lebensjahr manifestiert hatte, Tatsache waren.

Zum Beispiel gab es eine Situation, wo Sai Baba Haraldsson erklärte, dass das tägliche und spirituelle Leben »gemeinsam wie ein doppeltes *rudraksha* wachsen sollten«. Haraldsson, der diesen Begriff nie zuvor gehört hatte, fragte, was er bedeutete. Weder Sai Baba noch dem Übersetzer fiel ein englisches Wort dafür ein, also schloss Sai Baba kurz die Faust, winkte mit der Hand und öffnete sie dann, um ein eichelförmiges Objekt zu enthüllen, das wie eine Zwillingsorange oder ein Zwillingsapfel aussah.

Daraufhin sagte der Guru: »Ich möchte Ihnen ein Geschenk geben«, während er das Objekt in der Hand hielt. Er blies seinen Atem darauf und der doppelte Samen war plötzlich mit einer goldenen Schicht überzogen und hing an einer Goldkette. Oben drauf war ein Kreuz mit einem kleinen Rubin angebracht. Nicht nur entdeckte Haraldsson später, dass es sich bei Doppel-Rudrakshas um seltene botanische Anomalien handelt, sondern ein Goldschmied in London, der die Halskette inspizierte, bestätigte, dass es sich tatsächlich um 22-karätiges Gold handelte.

Während diese Art der Manifestation das Grundfundament unserer gegenwärtigen Weltsicht ins Schwanken bringt, ist sie in Indien nichts Ungewöhnliches.

Sai Baba hat häufig Juwelen und andere kostspielige Objekte aus Gold verteilt. Zudem war bekannt, dass er Früchte, duftende Öle und Reiskörner mit perfekt eingravierten Abbildungen von Krishna materialisierte.

Haraldsson konnte keine Beweise finden, dass diese Fertigkeiten, die mehr als ein halbes Jahrhundert lang zu beobachten waren, nicht real waren, sondern vielmehr – wie er es ausdrückt – ein Zeugnis waren für die »enormen Möglichkeiten, die im Inneren aller menschlichen Wesen schlummern«.

Die Frage ist also: *Möchten Sie Ihre Wünsche* jetzt *manifestieren, oder wollen Sie weiterhin glauben, dass Sie mehr Zeit brauchen?*

Der Nachtisch

»Zu glauben, dass es schwierige oder unerreichbare Dinge gibt, verändert nicht die Natur dieser Dinge. Es verändert lediglich unsere Einstellung zu ihnen.«

– Daniel Marques, Forscher,
Universalgelehrter, Autor

Ich lasse jetzt Roland, einen Leser von *E²*, seine Geschichte erzählen, die auf meinem Blog einen ziemlichen Aufruhr verursacht hat. Schieß los, Roland:

»Ich telefonierte gerade mit meinem Freund Gary, während ich das Magazin *YachtWorld* durchblätterte und mir Segelboote anschaute. Er hatte das Gefühl, als sei ich irgendwie abgelenkt und wollte wissen, was ich gerade tat. Ich gestand, dass ich mir Fotos von Yachten anschaute und mir wünschte, ich hätte ein 15 Meter langes Catalina-Segelboot und könnte es bei San Francisco ins Wasser lassen, um einfach aufs Meer hinaus zu segeln und abzuhängen.

Minuten später fiel mir genau so ein Boot ins Auge, und ich bat Gary, einen Moment zu warten, während ich mir die Yacht näher anschaute. Sie war genau das, was ich mir vorstellte, und der Besitzer war offensichtlich bereit, die Yacht gegen eine 10-Meter-Catalina einzutauschen – und genau so eine hatte ich.

Ich verabschiedete mich von Gary und wählte die Nummer in Salt Lake City von der Anzeige. Keine Antwort, also hinterließ ich eine Nachricht. Eine halbe Stunde später sah ich eine Salt-Lake-City-Nummer auf meinem Telefon und rief zurück.

›Ich habe eine Denver-Vorwahl gewählt, sind Sie in Denver?‹

›Ja, sind Sie in Salt Lake City?‹

›Ich lebe dort, doch ich bin heute geschäftlich in Denver.‹

Er fragte, ob er mein Boot sehen könnte, und ich erwiderte, das Boot sei nicht in Denver, sondern gegenwärtig in einem Lager ungefähr 85 Kilometer nördlich in der Nähe der Ausfahrt Estes Park.

Er sagte: ›Perfekt. Ich bin gerade im Norden und in der Nähe dieser Ausfahrt.‹

Mittlerweile dachte ich, *unmöglich*, und *das wird jetzt langsam ein bisschen unheimlich*. Ich ließ ihn wissen, wen er kontaktieren sollte, um sich das Boot anzuschauen und, falls er interessiert sei, mich zurückzurufen.

Er rief zurück, sagte, dass er das Boot toll findet und es eintauschen wollte! Zu diesem Zeitpunkt war weniger als eine Stunde vergangen, und ich dachte mir: *Wow, selbst das Universum kann nicht so schnell reagieren.* (Falsch gedacht.)

Das ging mir alles ein bisschen zu schnell, und nervös versuchte ich, eine Möglichkeit zu finden, wie ich mich aus der Affäre ziehen konnte. Wir hatten noch nicht über Geld geredet, also nahm ich an, dass ich mich auf diese Weise retten könnte. Ich bot ihm eine lächerlich geringe Summe für seine Yacht an, und er sagte: ›Wunderbar. Wann können wir den Vertrag abschließen?‹«

PARTYSPIEL NR. 16

Tanz den Freudentanz

»Es spielt keine Rolle, wie stark die Übertragung ist, wenn dein Empfänger nicht eingeschaltet ist.«

– Esther Hicks, Co-Autorin von *Wunscherfüllung*

Wissen Sie, was eine meiner wichtigsten spirituellen Übungen ist?

In spontanes Tanzen ausbrechen. Und nicht unbedingt auf Tanzflächen.

Hier sind fünf Gründe, warum Tanzen so wichtig ist wie Meditation:

1. **Tanzen würgt die Gedanken ab.** Bei jeder spirituellen Praxis geht es darum, uns nicht selbst im Weg zu stehen und alle Gedanken loszulassen, die das göttliche Summen blockieren. Die meisten unserer Gedanken sind langweilige Wiederholungen von gestern, die gleichen alten To-do-Listen, Ängste und Nörgeleien.

   Und die Wahrheit ist, dass das Leben auch ohne unsere ständige Einmischung prächtig funktioniert. Tatsächlich laufen die Dinge umso besser, je weniger wir jammern. Das mag kontraproduktiv erscheinen, doch der richtige Weg wird sich erst zeigen, wenn Sie nicht mehr länger nach ihm suchen. All dieses Herumsuchen und Ärgern führt nur dazu, dass Sie die Wahrheit nicht erkennen. Tanzen stellt das Denken ab, damit die Wahrheit zum Vorschein kommen kann.

2. **Tanzen hebt Sie auf die gleiche Wellenlänge wie das Feld des Potenzials.** Wie ich es gerne ausdrücke, man kann nicht ARD gucken, wenn man das ZDF einschaltet. Wenn Sie voller Freude tanzen, sind Sie auf dem gleichen Kanal wie das Universum. Das macht es dem FP natürlich leichter, all diese zahllosen Geschenke mit Ihrem Namen drauf über Sie auszuschütten.

3. **Es macht andere Menschen glücklich.** Ich verbringe viel Zeit auf Flughäfen. Und in den meisten Fällen tun die Tausenden von Reisenden, die auf Flüge warten, alle das gleiche: Sie starren auf ihre Handys. Vor einiger Zeit auf dem Flughafen in Cincinnati haben meine Tochter und ich diesen hochgewachsenen, schlaksigen jungen Mann entdeckt (um die Wahrheit zu sagen, es war schlicht unmöglich, ihn zu übersehen), der jubilierend durch die Flughafenhalle tanzte. Ganz alleine. Wir saßen in einem Schnellimbiss, als er freudig vorbeiflitzte. Wir beide fingen an zu lachen und sind ihm wie dem Rattenfänger von Hameln gefolgt.
   Und wer kann die wundervolle Szene aus dem Film *Ganz oder gar nicht* vergessen, als arbeitslose Stahlarbeiter in der Schlange vor dem Arbeitsamt anfingen, mit den Füßen im Takt zu klopfen?

4. **Tanzen heilt Ihren Körper und beseitigt andere Leiden.** Meine Freundin Betty ist 82. Die meisten ihrer Altersgenossen reden gemeinsam nur über eine Sache: ihre Gesundheit, oder vielmehr über ihre Krankheiten. Als Betty mit dem Tanzen anfing, entdeckte sie, dass die Gespräche (zwischen Foxtrott und Walzer) angeregter waren und die Leute ihre gesundheitlichen Probleme vergaßen. Stattdessen fingen sie an, Spaß zu haben und sich wieder jung zu fühlen.

5. **Es katapultiert Sie in eine neue Realität.** Bei der neuen Weltsicht 2.0 geht es darum, uns von unserem Verstand nicht in eine winzige, unbequeme Schachtel zwängen zu lassen. Das Tanzen ist natürlich auch Teil der alten Weltsicht, doch sobald wir erwachsen sind, tun wir es nur, wenn Alkohol und eine Tanzfläche vorhanden sind. Beim Tanzen an Orten, wo andere es nicht erwarten, sprengen wir die Ketten des Verstandes, und unser Bewusstsein kann nicht anders, als unseren Beinen zu folgen. Um es noch einmal zu wiederholen, das Leben entwickelt sich entsprechend unserer Glaubenssätze und Erwartungen; je offener wir also in unseren Glaubenssätzen sind, desto mehr Platz hat das Leben, um hereinzufließen.

#S&F

Also los! Wir wollen sehen, wie Sie tanzen.

Das Partygeschenk: Elfenstaub rieseln lassen

»Sei verliebt ins Leben. Jede Minute.«

– Jack Kerouac, Autor der Beat-Generation

Die amerikanische Komikerin Amy Poehler erzählt in ihrer Autobiografie *Yes Please* eine witzige Geschichte. Sie hat ein besonderes Faible für den Mond und beschreibt sich selbst als »Mond-Junkie«. Sie verfolgt nicht nur die Mondzyklen auf ihrem Handy, sondern sie geht mit ihren beiden kleinen Söhnen regelmäßig auf »Mondjagd«. Bei diesen Ausflügen sind sie alle im Schlafanzug (was so aussieht, als wären sie aus dem Gefängnis ausgebrochen), haben Taschenlampen dabei

und lutschen Mondbonbons, die – wie Amy sagt – »verdächtig nach M&M's aussehen«.
Nachdem sie ihre Söhne in einer dieser Vollmondnächte auf dem Rücksitz verstaut und die Schlafsäcke in den Kofferraum geworfen hatte (um auf dem Boden liegen und wie die Wölfe heulen zu können) und losdonnerte, um zu dem ausgewählten freien Feld zu kommen, sagte einer ihrer Söhne: »Mama, da ist ja der Mond. Wir müssen nicht zum Mond fahren. Er ist zu uns gekommen.«
Und genau das ist so ziemlich der ganze Trick mit dem Leben. Wenn Sie sich irgendwo niederlassen, glücklich werden und sich auf den Kanal der Freude einstimmen, dann werden der Mond, die Sterne und alle guten Dinge im Leben zu Ihnen kommen. Das Prinzip, von dem ich in meinen Büchern rede, lautet nicht »das Gesetz des Allerwertesten Aufreißens«. Es heißt »das Gesetz der Anziehung«.
Der Arbeitsaufwand für uns ist dabei minimal.

Der Nachtisch

»Ich habe nur ein Ziel in meinem Leben: a) ich möchte glücklich sein, b) ich möchte alles Unglückliche aus meinem Leben beseitigen, und c) ich möchte, dass jeder Tag so reibungslos wie möglich verläuft.«

– James Altucher, Autor von *Choose Yourself*

In dem Pixar-Hit *Die Monster AG* von 2001 versorgen Monster ihre Stadt (genannt Monstropolis) mit Energie, indem sie schlafende Kinder erschrecken und ihre Energie der Angst sammeln. Das klappt wunderbar, bis diese Monster, Sulley und Wazowski, zufällig entdecken, dass Lachen zehn Mal mehr Energie produziert.

Es stellte sich heraus, dass der Film gar nicht so dumm war. Wir können Energiefelder verändern, indem wir uns freuen und Liebe ausstrahlen. Das hört sich vielleicht nicht an, als sei es etwas Großartiges – ein Energiefeld verändern. Doch in Wahrheit basiert alles darauf. Obwohl die Ebene der Energie unsichtbar ist, durchdringt sie alles und wirkt sich auf alles aus. Und wir alle sind Teil davon.

Jedes Mal, wenn wir lieben, erzeugen wir Energie. Jedes Mal, wenn wir lachen, erzeugen wir Energie. Jedes Mal, wenn wir uns dafür entscheiden, zu vergeben anstatt zu grollen, lösen wir die Illusion auf, dass wir voneinander getrennte Wesen sind und separate Leben führen.

James Altucher, ein erfolgreicher Unternehmer und Autor mehrerer Bücher, erzählt eine lustige Geschichte über den Tag, als er den amerikanischen Aktienmarkt rettete. Es war der 9. März und, wie er sagt, alles ging zum Teufel. Der Aktienindex fiel auf ein beängstigendes Tief, nach einer Dekade von Internet-Pleiten, Unternehmenskorruption, Immobilienkrise, Notverkäufen, Spekulanten à la Madoff und anderen Schreckensszenarien.

Also tat er das Einzige, was ihm dazu einfiel.

Er kaufte eine Tüte Hershey-Schokoladenküsse, stellte sich vor den Eingang der New Yorker Börse und verteilte sie am Ende des Arbeitstages an die Leute. Obwohl diese Menschen beim Herauskommen wie Zombies nur auf ihre Füße starrten, stoppte jeder, schaute hoch, nahm ein Schokoladenküsschen und lächelte.

Es sollte hier vielleiht erwähnt werden, dass beim Verzehr von Schokolade Phenylethylamin ausgeschüttet wird, dasselbe Hormon, das aktiviert wird, wenn Sie sich verlieben. Das hatte zur Folge, dass für einen kurzen Augenblick jeder an der New Yorker Börse ein bisschen glücklicher war, ein bisschen weniger deprimiert.

Mit anderen Worten, Altucher veränderte die energetische Frequenz der Wall Street. Lachen Sie so viel Sie wollen, doch am Ende der Woche war der Aktienindex beinahe 75 Punkte nach oben gestiegen.

PARTYSPIEL NR. 17

Lassen Sie Ihren inneren Freak von der Leine

»Wenn Sie versuchen, immer auf Nummer sicher zu gehen, verbringen Sie Ihr ganzes Leben damit, sehr, sehr vorsichtig zu sein – bis Sie vielleicht irgendwann merken, dass Sie gar nicht gelebt haben.«

– Byron Katie, Autorin von *Lieben was ist*

In diesem Spiel werden Sie aufgefordert, etwas zu tun, was Sie zu Tode erschrecken wird. Brechen Sie eines der ungeschriebenen Gesetze akzeptablen menschlichen Verhaltens.

Tim Ferris ermutigt Menschen in seinem Bestseller *Die 4-Stunden-Woche*, sich an einem öffentlichen Ort auf den Boden zu legen, bis zehn zu zählen und dann einfach weiterzugehen, so als sei nichts passiert. Das ist nicht illegal. Oder moralisch fragwürdig. So gut wie jeder kann das machen. Das einzige Problem ist, dass eine solche Aktion die oben erwähnten ungeschriebenen Gesetze verletzt.

Wir folgen diesen Gesetzen jeden Tag, ständig, als würde unser Leben davon abhängen. Bei den seltenen Gelegenheiten, wenn wir uns unkonventionell verhalten – in erster Linie, weil wir was total Bescheuertes getan haben, oder, wie hier, weil es in einem Lebenshilfebuch empfohlen wird – machen wir die Erfahrung, dass nichts uns wirklich wehtun kann.

Aha, interessant. Das hat mich nicht umgebracht. Okay, und das auch nicht.

Stephen Colbert nennt dies »die Bombe lieben«, ein Konzept, das er von einem Improvisations-Coach bei The Second City übernahm, der kultigen Theatergruppe aus Chicago, wo er seine Laufbahn als Komiker begann.

»Ich habe lange gebraucht, um wirklich zu verstehen, was das heißt«, sagte Colbert in einem Interview mit dem Magazin *GQ*. »Es war nicht wie ›Mach dir keine Sorgen, das nächste Mal verstehst du es.‹ Es war auch nicht ›Lach einfach drüber‹. Nein, es bedeutet: Lerne es zu lieben, wenn du fällst ... das Annehmen dieser Situation, das scheußliche Gefühl, wenn du vor einem Publikum ins Bodenlose fällst, führt dich dazu, die Angst zu überwinden, die dich blind macht.«

Colbert sagt, dass er gelernt hat, der Angst direkt in die Augen zu sehen. Wir alle haben voreinander Angst, fürchten uns, dumm dazustehen, haben Angst, es »falsch zu machen«.

Colberts spirituelle Praktik (auch wenn er es vielleicht nicht so nennen würde) bestand darin, sich absichtlich öffentlich bloßzustellen.

Während der Rest von uns meditierte und wütend auf Kopfkissen einschlug, stieg Colbert in volle Aufzüge ein und brach in lautes Singen aus. Er tat Dinge, die gesellschaftlich inakzeptabel waren, Dinge, die ihn lehrten: *Hey, es ist nur mein beschränkter Verstand, der mir einreden wollte, dass es ein Problem gibt.*

»Das Gefühl dabei ist wie eine Art Dunst. Ein Unbehagen, das dich total umfängt«, sagt er.

Sie wollen, dass der Moment sofort vorbeigeht. *Jetzt!*

Doch wenn Sie ihn einatmen, ihn zulassen anstatt wegzurennen, verwandelt er Sie. Direkt hier, in dem Aufzug mit all diesen Menschen, die Sie anstarren, als wären Sie völlig gaga.

Wenn die Dinge also dem Anschein nach aus dem Ruder laufen, recken Sie die Faust gen Himmel, sagen »Danke, Jesus« und rennen darauf zu, als handele es sich um George Clooney, der Sie mit Schlafzimmeraugen ansieht.

#S&F

Zeigen Sie uns den Freak in Ihnen.

Das Partygeschenk: Die schamlosen Lügen außer Kraft setzen

»Dankbarkeit ist ein Dosenöffner für verschlossene Segnungen.«

– Marianne Williamson, Autorin von *Rückkehr zur Liebe*

Das Universum legt Brotkrumen aus. Wie Gretel in dem Märchen.

Doch wenn Sie auf der falschen Frequenz sind, gehen Sie glatt an den Krumen vorbei. *Aber das ist nicht fair.* Falsche Frequenz. *Er hat mehr als ich.* Falsche Frequenz. *Ich bin müde.* Falsche Frequenz.

Drehen Sie so lange am Regler, bis Sie auf die Frequenz kommen, die Sie dazu bringt, die Faust hochzurecken und zu brüllen »Immer her damit!«

Der Nachtisch

»Danke zu sagen, ist das beste Gebet überhaupt.«

– Alice Walker, Autorin von *Die Farbe Lila*

»Du tust *was*?!?«

Als meine Freundin Cheryl Miller mir sagte, dass sie nach Overbrook, Kansas, zieht, um ein Gesundheits- und

Wellness-Zentrum aufzumachen, dachte ich, sie sei total übergeschnappt.
Ihr Haus in Lawrence, ganz in meiner Nähe, war ein absoluter Traum. Ein Traum direkt aus *Schöner Wohnen*. Warum würde jemand, der nicht völlig den Verstand verloren hat, woanders hinziehen wollen? Vor allem in eine Kleinstadt mit knapp 1000 Einwohnern, von denen die meisten wahrscheinlich noch nie das Wort *Wellness* gehört haben, ganz zu schweigen von *Yoga*.
Doch Cheryl hatte keine Wahl. Sie lebt auf der Dankbarkeits-Frequenz, und wenn das Leben ihr Feenstaub über den Weg streut, muss sie ihm folgen. Während sie ihr Fairchild Wellness Retreat baute, passierten eigenartige Dinge (ein weiteres Synonym für Gott). Ein Schreiner klopfte genau in dem Moment an ihre Tür, als sie nach den richtigen Regalen suchte. Die zehn Betten, die sie für das Retreat-Center brauchte, tauchten plötzlich auf… in einem Laden für Handwerksbedarf! Als ich in Fairchild war, um dieses Buch fertig zu schreiben, stieß Cheryl auf dem Weg zum Chiropraktiker auf ein ganzes Feld voller gebrauchter Fahrräder und fand drei, die sie auf der Stelle kaufte.
»Mir kam der Gedanke, dass das Center ein paar Fahrräder braucht«, erzählte sie mir, »und – *voila!* – da waren sie! Für drei Dollar das Stück.«
Man kriegt nicht einmal eine Fahrradklingel für drei Dollar. Und wer findet schon ein Feld voller Fahrräder direkt neben Mais- und Weizenfeldern?
Sie denken wahrscheinlich *reiner Zufall*, doch diese Dinge passieren Cheryl DIE GANZE ZEIT!
»Die Leute schauen sich an, was ich getan habe (ein altes historisches Haus in eine friedliche Oase verwandelt), und sie denken sich: *Wow, das ist 'ne Menge Arbeit. Sie sind schon über sechzig. Wie bringen Sie es fertig, noch so hart zu arbeiten?*«

Cheryl lächelt nur, weil sie weiß, dass in Wahrheit nur sehr wenig Arbeit nötig war.
Vielmehr ist es so, dass sie eine Idee hat (in der Regel vom Universum geschickt) und sich dann mit einem Bier oder einer Tasse Kaffee (je nach Tageszeit) in ihre Pagode setzt, bis das, woran sie gedacht hat, auftaucht.
Der Rest von uns nennt das »ein Wunder«. Cheryl nennt es einfach »Leben«.
Doch es war nicht immer so. Früher war Cheryl depressiv. Das Leben, wie sie es sah, war eine einzige Zeitverschwendung.
Bis zu dem Moment, als sie beschloss, ihre Frequenz bewusst zu erhöhen. Jemand gab ihr eine Kette mit tibetischen Gebetsperlen. Sie verpflichtete sich, ein ganzes Jahr lang jeden Abend eine Segnung für jede der 170 Perlen aufzuschreiben. In den ersten paar Nächten fielen ihr zehn oder zwölf Segnungen ein, dann war Schluss. Doch sie machte weiter. Schließlich stellte sie ein paar Kategorien auf:
Zum Beispiel *Dinge, für die ich dankbar bin, dass ich sie nicht tun muss.* Oder *Dinge, die ich an meinem Job liebe.* Oder *Dinge, die ich gerne esse.*
»Jetzt«, sagt sie, »konnte ich jede Stunde tausend Segnungen aufschreiben.«
Ohne es zu merken, hatte Cheryl sich in die göttliche Frequenz eingeklinkt, mit der das Leben leicht und von Freude erfüllt ist.

PARTYSPIEL NR. 18

Werden Sie zur Wonder Woman

»Ich konnte fühlen, wie sein Kopf vor Energie explodierte.«

– Garry Shandling, Stand-up Comedian, Schauspieler und Autor

Mit anderen Worten, verändern Sie die Physiologie Ihres Gehirns. So zu tun, als wäre man glücklich, egal wie Sie sich in Wahrheit fühlen, verführt Ihren Körper dazu, jede Menge Wohlfühl-Hormone in Ihr Gehirn zu pumpen.

Wenn Sie Amy Cuddys TED-Talk gesehen haben, wissen Sie bereits: Wie Wonder Woman dazustehen erzeugt Selbstvertrauen. Eine Übung, die ich am Anfang jeder Rede mache. Und oft lade ich meine Zuhörer ein, mitzumachen.

Wissenschaftler haben bewiesen, dass mit den Fäusten auf der Hüfte und leicht gespreizten Beinen dazustehen – was Amy Cuddy die »Machtpose« nennt – Cortisol reduziert und Testosteron ankurbelt. Zwei Minuten in dieser Pose ist alles, was Sie brauchen, um bei Vorstellungsgesprächen, Prüfungen und in anderen potenziell Stress auslösenden Situationen zu brillieren.

In diesem Spiel also huschen Sie jedes Mal, wenn Sie anfangen, nervös zu werden, einfach schnell in die Damentoilette (Supermans Telefonzellen sind heutzutage kaum mehr zu finden), nehmen die Wonder-Woman-Pose ein und kommen – wenn auch ohne Lasso – so doch wesentlich ruhiger und glücklicher wieder raus.

Eine andere Methode besteht darin, wie ein Verrückter zu grinsen. Forscher haben entdeckt, dass das Gehirn positiv stimuliert wird, wenn eine Testperson (ich nehme an, die Ratten hatten keine Lust mitzumachen) sich dazu zwingt, 20 Sekunden lang zu lächeln. Forscher bei Hewlett-Packard stellten anhand einer elektromagnetischen Gehirn-Scan-Maschine samt Herzmonitor fest, dass ein Lächeln so viel glücklich machende Botenstoffe im Gehirn auslöst wie 2000 Tafeln Schokolade oder ein unerwartetes Geldschenk von 25 Dollar.

#S&F

Sie haben richtig geraten – es ist Zeit, Ihre Wonder-Woman-Pose einzunehmen.

Das Partygeschenk: Das Tor zu einer Welt öffnen, die erst erfunden werden muss

»Es gibt nur eine Regel auf diesem wilden Spielplatz …
›Viel Vergnügen, meine Lieben, viel Vergnügen.‹«

– Hafiz, persischer Dichter

Dankbarkeit schafft Raum für etwas Neues. Sie schafft Raum, damit Heilung eintreten kann, Sie sich neue Ziele setzen und Wunder geschehen können.

Wenn Sie sich selbst auf das beschränken, was Sie bereits wissen, was bereits gegeben ist, blockieren Sie Ihren Zugang zur Unendlichkeit. Anstatt die unermessliche, multidimensionale Palette der Möglichkeiten zu nutzen, begrenzen Sie sich auf das, was man Ihnen beigebracht hat.

Hier ist ein Beispiel:

Nehmen wir an, Sie möchten ein neues Auto. Weil bestimmte Dinge notwendig sind, um ein Auto zu bekommen (Ihr Lieblingsmodell aussuchen, zum Autohändler gehen, dem Autoverkäufer einen optimalen Deal abschwatzen, einen Kredit aufnehmen) vergessen Sie, dass dies nur eine von zig Möglichkeiten ist. Anstatt sich auf das Vergnügen zu fokussieren, dass Sie beim Fahren des neuen Autos haben werden; anstatt sich auf die scharfen Jungs (oder heißen Hasen, je nachdem) zu freuen, die Sie anflehen werden, einmal mitfahren zu dürfen, beschränken Sie sich auf die übliche Sichtweise.

Damit lassen Sie das Feld der unendlichen Möglichkeiten ungenützt liegen, das Ihnen zur freien Verfügung steht.

Jeder Ablauf, der Ihnen beigebracht wurde (zum Beispiel, wie man ein neues Auto kauft), ist nur *eine* Möglichkeit von vielen.

Wenn Sie sich öffnen und Raum schaffen, werden Sie feststellen, dass buchstäblich Tausende von Möglichkeiten existieren, an ein neues Auto zu kommen. Sie könnten es gewinnen. Ein Freund meiner Tochter hat auf der Abiturfeier einen mit allen Schikanen ausgestatteten weinroten Geländewagen gewonnen. Jemand könnte Ihnen unerwartet ein Auto schenken. Eine Leserin von E^2 berichtete, dass ihr ein ehemaliger Priester, den sie seit Jahren nicht gesehen hatte, ein Auto überließ, ohne irgendwelche Bedingungen.

Der Punkt ist: Je weniger Sie sich an feste Strukturen klammern, desto leichter ist es für das Feld der unbegrenzten Möglichkeiten, seine Magie wirken zu lassen.

Wenn Sie Raum schaffen in Ihrem Bewusstsein, schaffen Sie eine Öffnung, durch die etwas Neues eintreten kann.

Parship.de ist nicht die einzige Möglichkeit, einen Partner zu finden. Einen Makler anzurufen ist nicht die einzige Möglichkeit, ein neues Haus zu finden.

Der Nachtisch

»Tritt diesem Tag in seinen sonnigen Allerwertesten!«

– Grußkarte, die mir im *The Third Planet*-Laden, Lawrence, Kansas, ins Auge gefallen ist

Tob Brezsny fuhr auf einer Autobahn in Los Angeles, nicht unbedingt ein Ort spiritueller Erleuchtung. Er fädelte direkt in eine Fahrspur vor einer heißen Blondine in einem Jaguar ein, die es in jeder anderen Situation wert gewesen wäre, noch mal genauer hinzuschauen. Doch in diesem Moment war die Schöne *nicht* glücklich. Sie drückte wie verrückt auf die Hupe und zeigte ihm das internationale Friedenszeichen, ohne den Zeigefinger.

Das alleine war nichts Ungewöhnliches im morgendlichen Rushhour-Verkehr auf dem Freeway, doch sie wollte sich partout nicht beruhigen. Immer wieder blendete sie ihn mit ihren Scheinwerfern, hupte ununterbrochen und machte jedem klar, dass Rob ein Vollpfosten war und sie geschnitten hatte.

Rob, der sich in der Regel als weisen, liebevollen Menschen versteht, ließ sich von ihrem Verhalten anstecken. Er schnappte den Köder, und schon waren er und die heiße Blondine erbitterte Feinde in einem wütenden Katz-und-Maus-Spiel, das die Kameramänner von *Fast & Furious 7* begeistert hätte, wären sie an diesem Morgen vor Ort gewesen.

Doch Rob fühlte sich bei diesem Spiel gar nicht wohl. Sein Puls raste; sein Herz schlug wie verrückt; sein Adrenalin brüllte: *Schalte die Bedrohung aus!*

Gerade noch rechtzeitig, bevor ein Unfall oder etwas noch Schrecklicheres passieren konnte, bat er das Große Ganze um Hilfe.

Plötzlich wurde ihm eine überwältigende Einsicht zu teil. Er erkannte die Quintessenz von allem: »Ich liebe diese Frau.« Er winkte und sandte ihr diese Botschaft, die für jeden von uns gilt: *Ich liebe dich. Ich habe dich immer geliebt. Ich werde dich in alle Ewigkeit lieben.*

Er fügte hinzu: »Ich weiß nicht, ob die Frau es wahrgenommen hat oder nicht, doch ich möchte glauben, dass sie die Energie gefühlt hat und durch diese Erkenntnis der fundamentalen Liebe zwischen uns allen ebenso verändert wurde wie ich.«

Abenteuer-Kapital erweitern

*»Meine Dankbarkeit wie eine Fahne zu schwenken ...
hält alles am Laufen.«*

– Amanda F*cking Palmer,
Performancekünstlerin

Das Leben soll Spaß machen. Manche von Ihnen werden mir das einfach glauben müssen.
Den meisten von uns wurde beigebracht, dass das Leben unter folgenden Voraussetzungen ein Vergnügen ist:

- Eines Tages.
- Wenn Sie hart arbeiten.
- An den Wochenenden.
- Wenn Sie in Rente gehen.

Niemand macht sich die Mühe zu erwähnen, dass das Leben jetzt in diesem Moment genossen werden sollte. Immer. Ständig. Stattdessen wird uns gelehrt, vorsichtig zu sein, unsere Begeisterung im Zaum zu halten, leise zu sprechen, nicht aufzufallen. Der Himmel verhüte, dass Sie Ihre Suppe schlürfen. Oder mit Fremden reden. Oder sich nackt ausziehen und um den Block laufen.
Tatsächlich sagt man uns, dass der größte Teil des Lebens alles andere als ein Vergnügen ist, was aber okay ist, weil es genügend Momente gibt, die Spaß machen und uns für die schweren Zeiten entschädigen. Tatsächlich wurde uns beigebracht, dass man es eines fernen Tages verdient haben wird, sich des Lebens zu

freuen, wenn man sich nur lange genug abgeplagt und generell das Leben schwer gemacht hat.
Niemand hat Ihnen gesagt, dass Sie Wunderbares erreichen können, wenn Sie dem folgen, was Ihnen Freude bereitet.
Wie Biz Stone, Mitbegründer von Twitter, es ausdrückt: »Der wichtigste Aspekt bei jedem Job ist, dass er Spaß macht. Ich wusste, dass Twitter im Gegensatz zu meinen vorherigen Start-ups [er hatte jede Menge Misserfolge vor Twitter] funktionieren würde, weil mir die Arbeit Spaß machte.«
Selbst das Angebot von Mark Zuckerberg über 500 Millionen Dollar (Biz und sein Partner Ev Williams lehnten es ab) kam zustande, weil sie sich einen Scherz daraus machten. Als sie zum Facebook-Büro fuhren in dem Wissen, dass Zuckerberg sie aufkaufen wollte, kamen sie plötzlich aus Jux und Dollerei überein, einen solch absurd hohen Betrag zu verlangen, dass er nur ablehnen konnte. »Wir verlangen einfach eine halbe Milliarde, mal sehen, was passiert«, scherzten sie.
Und tatsächlich, ein paar Wochen später rief Zuckerberg an und bot ihnen exakt diese Summe.

PARTYSPIEL NR. 19

Auf, auf, zur fröhlichen Schnitzeljagd

»Ich leg' mich hin und … nehme alles wahr,
was passiert.«

– Alicia Vikander, Schauspielerin
und Oscar-Gewinnerin

Gehen Sie auf die Jagd nach fünf Dingen, die Sie nie zuvor bemerkt haben.

Laut einer Studie im *Science*-Magazin verbringen wir Menschen 46,9 Prozent unseres Wachzustandes damit, über etwas anderes nachzudenken als das, was wir gerade tun. Vielseitig denken zu können ist eine kognitive menschliche Errungenschaft, keine Frage, doch je weniger wir in unseren Gedanken im Hier und Jetzt präsent sind, desto weniger glücklich sind wir.

Laut Aussage der Harvard-Psychologen, die die Studie geleitet haben, lässt sich von »der Art, wie wir denken, besser vorhersagen, ob wir glücklich sind, als von dem, was wir tatsächlich tun«.

Dies ist ein Spiel, bei dem es um Achtsamkeit geht; ein Spiel, um die Schönheit der Gegenwart zu entdecken; ein Spiel, das jeden Ort, an dem Sie sich befinden, in heiligen Boden verwandeln kann.

Wenn ich dieses Spiel spiele, werde ich unweigerlich in die Schönheit dieses Augenblicks gesogen und bin mir endlich wieder all der herrlichen Dinge bewusst, die die ganze Zeit schon hier gewesen sind. Ich werde zur Gutachterin, die nicht anders kann, als ihrem Leben die volle Punktzahl zu geben.

*****

Vor Kurzem ging ich mit meinem Hund (es passiert immer viel, wenn ich mit meinem seltsam aussehenden Bassador – halb Basset, halb Labrador – unterwegs bin) an einer Bahnstrecke in der Nähe entlang Gassi. Die Gegend ist zugemüllt und nicht unbedingt ein Augenschmaus. Ich bin diesen Weg bereits unzählige Male gegangen, doch an diesem Morgen hatte ich *Blue Iris* gelesen, ein Buch mit Gedichten und Essays von Mary Oliver. Bei den meisten ging es um Blumen.
Ungefähr drei Blocks von einem Ort entfernt, den die meisten als Schandfleck bezeichnen würden, fand ich mindestens sieben verschiedene Arten winzig kleiner Blumen. Winzig kleine Blumen, an denen ich zweifellos viele Male vorbeigegangen bin und die ich nie bemerkt habe. Ich pflückte eine von jeder Art, legte sie zwischen Wachspapier und dann in ein großes, schweres Buch, um sie zu pressen. Ich denke, sie werden ein hervorragendes Heilmittel sein, wenn mir mein Ego wieder einmal die alten Geschichten von Angst und Not auftischen möchte.
Die kleinen Blüten sind nicht zu vergleichen mit den großen, prahlerischen Gewächsen im Blumenladen, doch jede ist einfach hinreißend schön, und ich schäme mich, dass ich so viele Male daran vorbeigegangen bin, ohne sie zu sehen.

#S&F

Zeigen Sie uns eins Ihrer »neuen« Dinge.

Das Partygeschenk: »Immer her damit!«

»Die Mutter der Ausschweifung ist nicht die Freude, sondern die Freudlosigkeit.«

– FRIEDRICH NIETZSCHE, Philosoph

Alles, was Sie zu manifestieren versuchen, gehört Ihnen bereits. Es ist wichtig, diese Tatsache noch einmal zu wiederholen: *Sie haben bereits alles, was Sie wollen.* Denn sonst würden Sie nicht wissen, dass Sie es wollen.

All dies befindet sich hier und jetzt in Ihrem Feld des Potenzials und vertreibt sich die Zeit mit Daumendrehen. Doch weil Sie auf einer anderen Wellenlänge sind (der Wellenlänge von *»Ich habe es nicht«*, der Frequenz von *»Ich sollte besser meine Laufschuhe anziehen und schneller rennen, mich mehr anstrengen«*), können Sie es immer noch nicht sehen.

Jeder von uns lebt bereits ein außergewöhnliches Leben (auf einem der FP-Kanäle), doch weil wir uns auf all das fokussieren, was wir nicht haben oder was wir zu bekommen versuchen, ist es verschwommen und nicht etwas, das wir zu fassen kriegen. Es ist umgeben von Störsignalen.

So wie ein Filmemacher entscheidet, auf welche Objekte die Linse seiner Kamera sich fokussiert, können wir entscheiden, ob wir uns auf die Dinge im Vordergrund konzentrieren wollen (das, was wir jetzt haben), oder ob wir vorziehen, unsere Linse auf etwas anderes zu richten. *Wir* sind der Kameramann, die Kamerafrau.

Die Realität ist weder statisch noch in Stein gemeißelt. Vielmehr ist sie ein endloser Prozess von Bewegung und Entfaltung. Wir wählen, was sich entfalten soll, was wir vor unsere Kamera holen, wohin wir unseren Scheinwerfer richten.

Der Nachtisch

»Liebe erlaubt dir, die große Angst und das große Leid hinter dir zu lassen, die aus einer vorübergehend fehlgeleiteten Identifizierung entstehen.«

– The Way of Mastery

Rainn Wilson hat an der University of New York eine Schauspielausbildung gemacht und in Williamsburg gelebt, bevor Williamsburg cool war.

»Meine Kleider habe ich im Secondhand-Laden gekauft, nicht weil ich ein Hipster war, sondern weil ich mir nichts anderes leisten konnte«, sagt er.

Sein Auto war ein scheppernder alter Umzugswagen, mit dem er zu jedem Vorsprechen fuhr, von dem er wusste, dass es stattfindet. Fünfmal bewarb er sich für Rollen in *Six Feet Under*, einer beliebten TV-Serie über das Bestattungsinstitut der Familie Fisher. Jedes Mal wurde er übersehen.

»So frustriert ich damals war, weil ich die Rolle als Tommy, schwules Chormitglied Nummer drei, nicht bekam, heute könnte ich nicht dankbarer sein«, sagt er. »Du weißt nie, was das Universum für dich auf Lager hat, und manchmal bereiten dich wiederholte Absagen einfach … auf etwas Größeres vor.«

Das Universum wartete offensichtlich auf die perfekte Rolle für ihn bei *Six Feet Under*: Arthur Martin, der Joghurt liebende Praktikant vom Cypress College of Mortuary Science – die Rolle, die Wilsons Leben für immer veränderte.

PARTYSPIEL NR. 20

»Maro« zeigen

»Ferkel merkte, dass sein Herz – obwohl es ein sehr kleines Herz war – eine ziemlich große Menge Dankbarkeit enthalten konnte.«

– A.A. Milne, Autor von *Winnie Puuh*

Ich habe dieses Spiel von Ken Honda gelernt, einem erfolgreichen japanischen Autor, der mehr als 100 Bücher geschrieben hat. Seine beliebten Seminare sind jedes Mal in weniger als einer Stunde ausverkauft. Ich hatte das Glück, ihn vor Kurzem bei einem Besuch in Japan kennenzulernen und Gast bei seinem populären Podcast zu sein.

Nach unserem Interview überreichte er mir ein kleines Holzkistchen mit einer Goldmünze. Sie war ein Geschenk seines Mentors, Wahei Takeda, einem milliardenschweren Investor, der seine letzten Jahre (er ist über 80) damit verbringt, Freude zu spenden und zu verbreiten. Hauptsächlich indem er die machtvolle Technik weitergibt, die ihm dazu verhalf, Japans reichster Mann zu werden.

Es ist nicht das, was Sie denken.

Jeden Tag zeigt Wahei »Maro«.

Maro ist die Abkürzung für *magokoro*, was so viel bedeutet wie »wahres Herz«. Es ist eher schwierig, diesen Begriff einzuordnen oder zu definieren – es handelt sich auf alle Fälle um einen spirituellen Zustand bedingungsloser Liebe zu sich selbst und anderen. Laut Wahei strahlt es eine Energie aus, die Glück in Ihr Leben zieht.

Um »Maro« zu zeigen, sagt Wahei jeden Tag unzählige Male *»Arigato«* (japanisch für »Danke«, wie Sie sich erinnern werden). Er glaubt, dass eine große Macht in diesem einfachen Wort liegt und dass es auszusprechen, selbst die kleinsten Dinge wertzuschätzen, die Fähigkeit der Menschen stärkt, wunderbare Sachen in ihrem Leben zu manifestieren.

Wahei bezeichnet Dankbarkeit als ein Mehrzweck-Werkzeug – vergleichbar einem Schweizer Armeemesser –, das Menschen hilft, ihre Bestimmung zu erfüllen. Er ist so sehr von der magischen Kraft der Dankbarkeit überzeugt, dass er das mittlerweile berühmte Arigato-Baby-Cookie erfunden hat. Während Fabrikarbeiter das gesunde, auf Kartoffeln basierende Cookie zusammenrühren, ertönt über Lautsprecher eine CD, auf der Kinder ein fröhliches »Arigato« singen. Wahei glaubt, dass diese Musik die Arbeiter glücklich macht, was wiederum positive Energie in die Cookies fließen lässt.

Wahei bezeichnet Maro als Schlüssel zu seinem Erfolg. Wenn Sie von der Frequenz reiner Freude und Dankbarkeit aus agieren, strahlen Sie Liebe aus, was wiederum Wunder anzieht – nicht zu vergessen Geld – und allen zum Vorteil gereicht. Immer wieder »Danke« zu sagen, sorgt dafür, dass Sie sich vor dem Wunder verneigen, einfach am Leben zu sein.

Waheis Philosophie läuft darauf hinaus: *Wenn du die Welt liebst, wird die Welt dich lieben.*

Also zeigen Sie heute Maro – Herz, Liebe –, indem Sie so oft wie möglich »Danke« sagen.

#S&F

Zeigen Sie uns, wie Sie die Welt lieben.

Das Partygeschenk: Die Stimme in Ihrem Kopf für einen neuen Job rekrutieren

»Glück ist da, wo du bist, nicht wo du hingehst. Oh Gott, ich höre mich an wie Yoda!«

– Simon Pegg, Schauspieler

Lebenshilfebücher fangen immer mit einem Problem an. Ein Autor beschreibt ein Thema – zum Beispiel zu wenig Geld zu haben, oder zu viel Stress oder Gerümpel – und macht sich daran, Ihnen genau zu sagen, wie Sie jedes Problem überwinden können, von dem er/sie Sie soeben überzeugt hat, dass Sie es haben.

Dieses Buch ist genau das Gegenteil. Es fängt mit der Prämisse an, dass Sie absolut kein Problem haben. Vielmehr bestehen Sie darauf, ein Problem zu haben, und wollen ganz, ganz hart an einer Lösung arbeiten. Nur dadurch scheint dieses »Problem« real zu sein.

Die meisten Probleme sind künstlich erzeugt und existierten gar nicht, bevor wir angefangen haben, danach zu suchen.

Doch noch schlimmer wird es, wenn Sie – sobald Sie glauben, dass Ihnen etwas fehlt – vergessen, alles wertzuschätzen, was Sie bereits haben.

Sie nehmen nicht länger die Segnungen wahr, die wie Sonnenstrahlen an einem goldenen Sommertag auf Sie herniederströmen.

Es ist, als würden Sie sich selbst in Einzelhaft begeben.

Fans der Serie *Orange Is the New Black* wissen, dass der »Schuh« oder SHU (eine Abkürzung für *Special Housing Unit*) eine Einzelzelle ist, in die man gesteckt wird, wenn man einem Wärter blöd kommt oder beim Einschmuggeln von Heroin oder Lippenstift oder Schokoriegeln erwischt wird. Im

»Schuh« zu sein, kann einen verrückt machen. Alleine in einer nackten Zelle zu sitzen. Niemand, mit dem man reden kann. Niemand, um den Schmerz zu teilen.
Metaphorisch ist das die Situation, in der wir uns wiederfinden, wenn wir vergessen, uns mit dieser ungeheuren kosmischen Kraft zu verbinden, die den Planeten am Laufen hält.

Der Nachtisch

»Gott ist mein Kawumm!«

– Maya Angelou, Dichterin und Autorin

Als ich einmal in Seattle einen *Play*shop gab (mein Name für das, was die meisten einen *Work*shop nennen), überreichte mir eine spirituelle Beraterin namens Maleah Jacobs ein Buch mit dem Titel *The Gratitude Jar*. Es wäre verlockend, Ihnen zu erzählen, dass die Frau intuitiv erkannt hatte, dass ich dabei war, ein Buch über Dankbarkeit zu schreiben. Tatsache ist jedoch, dass ich am Freitag zuvor mein neues Buch erwähnt hatte.
Wie auch immer, ich liebte *The Gratitude Jar* und wusste sofort, dass ich es in *meinem* Buch unbedingt erwähnen musste. Es ist der beste Beweis für mein Argument, dass Dankbarkeit eine Energie ist, die Unglaubliches bewirken kann.
Dieses kurze kleine Büchlein stammt von Josie Robinson, einer ehemaligen Vertrauenslehrerin, die zu Alkoholismus und Depressionen neigte. Nach der Geburt ihrer beiden Söhne stürzte sie schnell tief ab; nach außen lächelte sie, doch innerlich fühlte sie sich elend und außer Kontrolle. Auf der Überraschungsparty zum Geburtstag einer Freundin, wo sie leeres Geschwätz lallte, Obszönitäten brüllte und über die Möbel stolperte, kam sie schließlich an ihrem absoluten Tiefpunkt an.

Am nächsten Tag fiel sie zum ersten Mal seit Jahren auf die Knie und betete.
»Hey, Gott, ich weiß, es ist verdammt lange her… Ich brauche deine Hilfe… Nimm einfach alles in die Hand… Leg los, Gott, ich bin so weit.«
Drei Tage später, nach einer Reihe von Ereignissen, die manche Zufall nennen würden (gilt nicht für uns – wir wissen es besser), lernte sie Maleah kennen. Josies Schwägerin, die ein bisschen Marketing für Maleahs gut gehende Praxis in Seattle machte, schenkte Josie eine Heilungs-Sitzung mit dieser spirituellen Trainerin.
Nicht nur war Maleah in der Lage, klar zu sehen (übers Telefon!), was los war, sondern sie bot Josie konkrete Vorschläge, um ihr Leben wieder in den Griff zu bekommen. Unter anderem wies sie Josie an, ein Gefäß der Dankbarkeit aufzustellen. Darin sollte sie alle täglichen Segnungen, Geschenke und besonderen Ereignisse aufbewahren, um sich daran zu erinnern, dass das Universum nur ihr Bestes wollte. Maleah empfahl Josie, dies einen Monat lang durchzuziehen.
Josie, der praktisch alle Optionen ausgegangen waren, nahm sich den Vorschlag zu Herzen. Jeden Abend vor dem Zubettgehen dachten sie und ihr vierjähriger Sohn Lucas über ihre Segnungen nach und fügten sie dem Gefäß der Dankbarkeit hinzu, für das sie übrigens einen *Star Wars*-Osterkorb verwendete.
Um es kurz zu machen: Alle Dinge, die falsch liefen (nicht genügend Geld, in die Brüche gehende Freundschaften, zu wenige Arbeitsstunden, zu viel Alkohol etc.) verschwanden.
»Ich hörte auf, weiter an all die Dinge zu denken, die ich meiner Meinung nach brauchte, um glücklich zu sein – oder dünner, reicher, was auch immer – und fokussierte mich stattdessen auf alles, was ich bereits hatte«, schreibt Josie.
Heute ist sie nicht nur trocken, sondern hat, während sie die Samen der Dankbarkeit pflanzte, zehn Kilo abgenommen

(einfach indem sie aufhörte, ihren Körper zu hassen und Gründe fand, ihm dankbar zu sein). Sie fand ihren Traumjob und zog in ein Haus in einer der schönsten Gegenden ihrer Stadt. Heute, sagt sie, folgen ihr die Wunder auf dem Fuß, wo immer sie hingeht.

»Vor dem Dankbarkeits-Glas wusste ich nicht, wie ich dem schwarzen Loch entfliehen konnte, in das ich gefallen war. Heute ist Dankbarkeit meine Grundeinstellung. Ich hätte nie gedacht, dass das Leben so absolut außergewöhnlich und wunderbar ist! Dankbarkeit hat mich aus der Dunkelheit ins Licht geholt.«

PARTYSPIEL NR. 21

Kinder an die Macht

»Ich bin mir nicht mehr sicher, was die Frage war,
doch die Antwort lautet auf alle Fälle Ja.«

– Leonard Bernstein, Komponist

Es gibt einen Grund, warum J. C. gesagt hat: »Lasset die Kinder zu mir kommen.«
Kids wissen wichtige Dinge, die wir Erwachsene ihnen mühsam auszutreiben versuchen. Anstatt Ihre Kinder zu drängen, »vorsichtig« zu sein und »verantwortungsbewusst zu handeln«, sollten Sie heute mal ihnen die Führung überlassen.
Und das geht so:

1. **Tun Sie so, als ob.** Man muss einem Kind nicht sagen, dass »alles möglich« ist. Sie sind Profis dabei »so zu tun, als ob«, oder was Verhaltens-Spezialisten *Visualisieren* nennen. Olympische Athleten zum Beispiel verbringen beinahe so viele Stunden mit Mentaltraining wie mit ihrem physischen Training. *»Na und?!?«*, würden unsere Kinder sagen. Sie brauchen von niemandem eine Erlaubnis, um ein Pilot oder ein Arzt oder ein Architekt zu sein. Sie fliegen bereits im Zimmer herum und heilen die Wehwehchen ihrer Puppe und bauen Sandburgen. Sie wissen, dass Eisstiele Boote, Taktstöcke oder Brücken über Schlossgräben sein können. Oder noch besser, in einer Reihe bis nach China reichen können.

2. **Fragen Sie sich: Warum die Eile?** Wenn Sie Ihren Horizont erweitern wollen, gehen Sie mit einem Vierjährigen spazieren. Ihre Welt ist voller Abenteuer. Es gibt nichts, was

uninteressant oder schlecht ist. Die Kleinen bemerken, wie die Sonne auf einer Pfütze glitzert; die Schnecke, die eine liegende Acht aus Schleim auf den Bürgersteig malt; der Habicht, der auf dem Zaun des Nachbarn hockt. Sicher, Sie kennen den Status jedes einzelnen Ihrer Freunde auf Facebook. Aber Vorschulkinder? Die wissen dafür alles andere.

#S&F

Zeigen Sie uns Ihr zauberhaftes vierjähriges Selbst.

Das Partygeschenk: Das erste Türchen öffnen ..., das mit all den Belohnungen dahinter

»Das Leben ist kurz. Die Liebe ist grenzenlos. Lebe, als gäbe es kein Morgen.«

– Michael Robotham, Autor von *Um Leben und Tod*

Olivia Pope, die schöne Protagonistin in der beliebten TV-Serie *Scandal*, ist das, was in Washington, D.C., als »Fixer« bekannt ist. Ihre Firma mit all ihren »Gladiatoren in Anzügen« schiebt Überstunden, um jede Menge Krisen zu entschärfen und abzuwenden.

Zum Glück haben unsere persönlichen Probleme nicht die gleichen politischen Auswirkungen, was uns aber nicht daran hindert, genauso hingebungsvoll Krisenmanagement zu betreiben wie Ms Pope. Der durchschnittliche Erwachsene, wie mir gesagt wurde, verbringt 73 Prozent seines Wachzustandes damit, Dinge in Ordnung zu bringen, Dinge zu planen oder

zu versuchen, beunruhigende oder lästige Dinge zu verhindern.
Anstatt uns immer weiter in unsere Probleme zu verstricken, können wir sie genauso gut einfach loslassen und sie dem Universum überantworten.
Manchmal kommt man auch mit roher Gewalt ans Ziel, doch diese Taktik arbeitet mit »schwacher Energie«, einer Energie, die immer die zweite Geige spielen wird hinter der einfachen Kraft der Dankbarkeit.
Dankbarkeit bringt Offenheit, Flexibilität, neue Möglichkeiten mit sich. Sie ist die Voraussetzung für Veränderung. Sie ist immer der Ausgangspunkt für die Manifestation von allem, was gut ist.
Die Normen unserer Gesellschaft sagen uns:

- *Man muss kämpfen für das, was man in dieser Welt erreichen will.*
- *Von nichts kommt nichts.*

Doch es gibt einen anderen Weg.
Wenn Sie sich von der Dankbarkeit leiten lassen, setzen Sie eine Energie frei, die vereint, die Ganzheit fördert.

Der Nachtisch

»Wenn ich jemals Grundsätze für einen spirituellen Weg der Heilung entwickeln müsste, wäre der erste auf meiner Liste, so oft wie möglich zu lachen.«

– Anita Moorjani, Autorin von *Heilung im Licht*

Nehmen wir zum Beispiel Mozart. Im Laufe seines kurzen Lebens (er starb mit 35) schrieb Wolferl, wie ihn seine Freunde nannten, mehr als 600 Musikstücke. Andere Komponisten, unter anderem Tschaikowsky, der ihn »den musikalischen Christus« nannte, glaubten, dass seine Musik göttlich inspiriert war. Mozart selbst war der Erste, der zugab: »Ich habe keine Ahnung, woher und wie diese Ideen kommen.«

Doch er wusste, dass er sie nicht erzwingen konnte.

Um es unverblümt zu sagen, Mozart war ein großes Kind. Er liebte es zu spielen, er hatte eine Vorliebe für Fäkalhumor, er war ein Meister der Kartentricks. Er spielte Billard und genoss es, sich zu verkleiden; er hatte diverse Haustiere, unter anderem einen Star, der ein Thema seines Klavierkonzertes Nr. 17 singen konnte. Er liebte es, zu tanzen und Freunden Streiche zu spielen.

Kurz gesagt, er machte das, was ihm Freude bereitete. Alles war ein Spiel für ihn, und er erlaubte dem Universum, ihn als sein musikalisches Sprachrohr zu benutzen.

Seine Kompositionen waren mühelos, unbelastet. Selten wird man bei näherem Betrachten seiner Partituren bemerken, dass er eine Note gestrichen oder irgendetwas verändert hat. Es ist, als hätte er die Musik direkt aus dem Himmel heruntergeladen. Was der Grund sein könnte, warum seine Musik bis heute so voller Leichtigkeit, Freude und Eleganz widerhallt.

PARTYSPIEL NR. 22

Danken Sie Ihren Besitztümern

»Wir sind hier auf Erden, um es ordentlich krachen zu lassen. Lass' dir von niemandem was anderes erzählen!«

– Kurt Vonnegut, Autor und berühmter Klugscheißer

Ich habe dieses kleine Spiel von Marie Kondo gelernt, die in ihrem Buch *Magic Cleaning* Menschen dazu auffordert, ihre Besitztümer zu würdigen.
Sagen Sie zum Beispiel …

- … zu Ihren Kleidern: »Danke, dass ihr mich warm haltet.«
- … zu Ihren Accessoires: »Danke, dass ihr mich schön macht.«
- … zu Ihren Schuhen: »Danke, dass ihr mir helft, bei der heutigen Präsentation mit beiden Füßen fest auf dem Boden zu stehen.«

Kondo schlägt vor, dass wir unsere Besitztümer so behandeln, als wären sie lebendig. Sie ist bekannt dafür, manchmal ihr Handy herauszuholen, nur um es zu bewundern und zu würdigen. Sie weist darauf hin, dass die Dinge, die wir besitzen, hart für uns arbeiten. Sie machen unser Leben leichter. Ein weiterer Vorteil besteht nach ihren Worten darin, dass Kleidungsstücke, die man liebevoll behandelt, länger halten. Ohne Frage machen sich manche Leute über die Idee lustig, dass unbeseelte Objekte auf menschliche Emotionen reagieren könnten.

Doch sie würden die meisten Baseballspieler nicht überzeugen können, die eine tiefe, innige Beziehung zu ihren Fanghandschuhen pflegen. Bobby Wilson zum Beispiel, Catcher bei den Detroit Tigers, schlief mit seinem Fanghandschuh, nahm ihn fünf Jahre lang jeden Tag mit in die Schule und stellte ihn seiner späteren Frau als seinen »ersten Seelengefährten« vor. Torii Hunter, der neun »Gold Gloves« (A.d.Hrsg.: jährliche Baseball-Auszeichnung in den USA) gewonnen hat, gab seinen Handschuhen Namen und verglich seine Beziehung zu jedem Handschuh mit einer Romanze. Der ehemalige Oakland Athletics-Coach Mike Gallego, auch er ein ehemaliger Spielmacher, hing so sehr an seinem Rawlings RYX-Fanghandschuh, den er acht Jahre lang bei jedem Spiel getragen hatte, dass er sein Leben riskierte, um ihn zu retten, als das Erdbeben von 1989 San Franciscos Sportstadion Candlestick Park erschütterte.

#S&F

Zeigen Sie uns Ihr liebstes Stück.

Das Partygeschenk: Polieren Sie das Fenster Ihres Bewusstseins

»Verschreibe dich dem Guten, und alles,
was nicht deiner wahren Natur entspricht,
wird von dir abfallen.«

– Maleah Jacobs, spirituelle Heilerin aus Seattle

Probleme sind getarnte Segnungen.
Jede Störung ist eine weitere Chance, Althergebrachtes loszulassen.

Es ist nicht so, dass wir schlechte Menschen sind. Wir sind konditionierte Menschen. Wir spielen die uns vorgegebenen Rollen, nach den uns vorgegebenen Drehbüchern, und kritisieren dann gnadenlos unsere eigene schauspielerische Leistung.
Wenn wir uns auf die Frequenz der Dankbarkeit einstimmen, kommen wir herunter von der Bühne; wir sitzen im Parkett, und anstatt zu verurteilen (Dankbarkeit ist unfähig, etwas zu verurteilen – dafür ist sie zu erfreut und zufrieden), schauen wir einfach zu.
Vielleicht werden wir nach wie vor den uns vorgegebenen Text hochwürgen *(Ich bin ein Versager; Ich habe mehr verdient als dies; Ich werde nie bekommen, was ich mir wünsche)*, doch anstatt vernichtende Kritiken zu schreiben, beobachten wir einfach nur und merken, wie roboterhaft wir uns verhalten. Manchmal können wir uns sogar ein Lachen nicht verkneifen.
Wenn Sie auf der Frequenz der Dankbarkeit sind, verurteilen Sie nie, denn Sie erkennen, dass Versagen von Natur aus gar nicht möglich ist. Sie versuchen nicht, Probleme zu lösen. Sie praktizieren einfach Achtsamkeit.

Der Nachtisch

»Das Gute an der Welt ist nicht einfach nur mein halluzinogener Optimismus. Wie gefällt dir das, Wissenschaft?«

– Biz Stone, Mitbegründer von Twitter

Biz Stone, der sich vom Studienabbrecher mit massiven Kreditkartenschulden zu einem extrem erfolgreichen 250 Millionen Dollar schweren Unternehmer mauserte, sah seine Rolle bei Twitter als die des »Sorglosen«.

»Wenn alles falsch läuft und nichts funktioniert, jammere nicht darüber, sondern finde das, was funktioniert, und bau darauf auf.«

Nach seinen Worten taucht die Lösung unvermeidlich auf, wenn man nach dem Positiven sucht.

Biz wirft mit Begriffen wie *unendliche Möglichkeiten* um sich. Er weiß, die richtige Einstellung ist von entscheidender Bedeutung. Denn das, was wir aus dem Quantenfeld ziehen, entspricht immer unseren Glaubenssätzen und Erwartungen.

Wie er es ausdrückt: »Für jedes einzelne Problem gibt es unendlich viele potenzielle Lösungen.«

Kreativität, sagt er, ist grenzenlos. Wenn Sie an dem festhalten, was Sie zu wissen glauben, verpassen Sie die grenzenlosen Möglichkeiten.

Als Biz arbeitslos war und bei seiner Mutter im Souterrain wohnte, druckte er Visitenkarten, auf denen stand: »Biz Stone, Genie«. Er behauptete, in seinem Hauptquartier – natürlich *Genie-Labor* genannt – »Erfindungen zu entwickeln mit grenzenlosen Ressourcen und einem Weltklasse-Team von Wissenschaftlern«. Auf diese Weise verkündete er der Welt seinen Traum, der später – wie sich herumgesprochen hat – Realität wurde.

Er wusste, dass er seinen Fokus auf das Endresultat richten musste, das ihm vorschwebte.

Genau mit dieser Art der Visualisierung startete er seine Karriere bei Google. Er beschloss, dass er dort arbeiten wollte, und obwohl er keinen College-Abschluss hatte, visualisierte er seinen Weg zu seinem Traumjob. Er sah das Ganze vor seinem inneren Auge, bevor es Realität wurde, selbst wenn jeder ihm sagte, dass Google nur promovierte Akademiker unter Vertrag nahm.

»Ich hatte diese Gelegenheit erschaffen ohne eine College-Ausbildung, ganz zu schweigen von einem akademischen

Grad, ohne meinen Weg nach oben Schritt für Schritt zu erarbeiten … Ich war kein Favorit oder sicherer Kandidat; ich war gar nichts. Doch ich hatte Erfahrung in einem ganz konkreten Bereich: Ich schaffte meine eigenen Gelegenheiten.«

Als er Twitter startete, visualisierter er, dass dieses Instrument irgendwann »despotische Regime stürzen« würde. Und tatsächlich spielte Twitter eine entscheidende Rolle bei den Protesten in Moldawien und dann bei dem, was wir heute den Arabischen Frühling nennen.

Wie Biz sagt, ist harte Arbeit notwendig, doch hat Erfolg mehr damit zu tun, die Welt durch die Linse »unendlicher Möglichkeiten« zu sehen.

Hier sind drei weitere Dinge, die ich an diesem erfolgreichen Unternehmer total bewundere, der weiß, dass die Ebene des Unsichtbaren immer die Blaupause für das Sichtbare liefert:

1. Er hat erkannt, dass Geld den Menschen nicht glücklich macht. Sicher, er hat eine Viertelmilliarde Dollar, doch er und seine Frau Livia führen ein einfaches Leben und geben den größten Teil ihres Geldes her. »Unsere Version von Luxus besteht darin, dass wir eine Menge Geld hergeben, um anderen zu helfen«, sagt er.
2. Bevor er seinen ersten Mitarbeiter einstellte, nahm er einen Spezialisten für den Bereich soziale Unternehmensverantwortung unter Vertrag.
3. Ihm schwebt ein radikal anderes Geschäftsmodell vor. Anstatt Profit als das A und O zu sehen, sollten folgende drei Dinge die Basis eines jeden Unternehmens ausmachen: Zuallererst sollte es einen sinnvollen Beitrag für diese Welt leisten; zweitens sollte jeder, der daran beteiligt ist (d.h. in dem Unternehmen arbeitet) *lieben,* was er oder sie tut; und drittens sollte es gute Umsätze machen. Letzteres ist, wohlgemerkt, die *dritte* Priorität.

Darüber hinaus weiß er, wie man eine Niederlage in »das Beste verwandeln kann, was einem je passiert ist«, und dass wir – eine kunterbunte Bande von Optimisten – gemeinsam die Welt verändern können.

Soziales Kapital vergrößern

»Hör' auf, langweilig zu sein, und zeig der Welt, was du drauf hast.«

– Robby Novak, Darsteller des Kid President auf YouTube

Wie wäre es, jeden Tag die Rolle eines großen Funkturms einzunehmen, der Freude, Liebe und Verbundenheit ausstrahlt?
Wie wäre es, der Welt mit der Einstellung: »Ich bin Licht, und ich bin hier, um euch zu lieben« zu begegnen?
Wie wäre es, im Rahmen unserer persönlichen Möglichkeiten die Umwelt zu schützen? Was, wenn wir uns dafür entscheiden würden, Güte auszustrahlen und Schönheit zu verbreiten?

Sie sind hier aus einem bestimmten Grund.

Was macht es schon, dass Sie nicht die Mittel haben, um sich als Philanthrop zu betätigen? Wie Sie bei den kommenden Partyspielen sehen werden, ist ein dickes finanzielles Polster nur eine (und nicht unbedingt die wichtigste) Ressource in Ihrem Portfolio. Sie können Menschen anlächeln. Mit ihnen reden. In der Schlange vor der Kasse kleine Quiz-Spielchen veranstalten. Machen Sie es sich heute zur Aufgabe, jedem Menschen, mit dem Sie in Kontakt kommen, Moleküle des Glücks zu senden. Machen Sie es zu Ihrer Mission, jeden Menschen, der Ihnen begegnet, aufzubauen – ein Lächeln kann wahrhaft Wunder wirken.
Begegnen Sie anderen mit der Absicht: »Ich habe mein Leben lang darauf gewartet, dich kennenzulernen.«

PARTYSPIEL NR. 23

Retten Sie heute ein Leben

»Er hatte in seinem Inneren ein ganzes Universum,
das ich erst noch kennenlernen musste.«

– Patti Smith, Sängerin, Dichterin
und bildende Künstlerin

Schnappen Sie sich den größten Trauerkloß, den Sie kennen (funktioniert am besten, wenn es sich um keinen Freund oder Verwandten handelt) und versuchen Sie, ihn zum Lächeln zu bringen. Rhonda schnappte sich den Mann einer Freundin, den, man kann es nicht anders sagen, niemand wirklich leiden konnte. Anstatt ihm wie alle anderen aus dem Weg zu gehen, beschloss Rhonda, ihn zu ihrem persönlichen Projekt zu machen. Wann immer sie mit ihm sprach, behandelte sie ihn, als sei er ihr bester Freund.

Es brauchte zwar eine Weile, aber …

»Es war wie ein Wunder«, sagt sie. »Irgendwann veränderte er sich.«

Sie müssen nicht die ganze Welt verändern. Nur Ihr kleines Fleckchen.

#S&F

Machen Sie ein Selfie von sich und Ihrem/Ihrer
neuen besten Freund/Freundin.

Das Partygeschenk: Steigern Sie Ihre Erfolgschancen

»Je entspannter du bist, desto besser bist du in allem: Je besser du mit deiner Familie umgehst, desto besser gehst du mit deinen Gegnern um; je besser du deinen Job machst, desto besser gehst du mit dir selbst um.«

– Bill Murray, Komiker und Schauspieler

Sie sind darauf konditioniert, unglücklich zu sein.
Sie sind darauf konditioniert, nach Problemen zu suchen.
Sie sind darauf konditioniert zu glauben, dass das, was Sie haben, nicht genug ist.
Wenn Sie sich in den Kanal der Freude und Dankbarkeit einklinken, erkennen Sie, dass nichts davon stimmt.
Zahllose wissenschaftliche Untersuchungen zeigen, dass der Versuch, sich gegen Negatives zu wappnen und stets das Schlechteste zu erwarten, kontraproduktiv ist und Sie in die direkte Schusslinie dessen bringt, dem Sie zu entfliehen hoffen.
In mehreren Studien entdeckte Barbara Frederickson, die als Psychologie-Professorin an der University of North Carolina-Chapel Hill die Wirkung positiver Emotionen erforscht, dass es sich positiv auf unsere biologische und zellulare Ebene auswirkt, wenn wir uns stark und wohlfühlen; dass es unsere Beziehungen verbessert; und dass es uns dabei hilft unser volles Spektrum intellektueller, sozialer und emotionaler Ressourcen zu aktivieren.
Wenn Sie den negativen inneren Stimmen das Feld überlassen, geraten Sie in den Kampf-oder-Flucht-Modus – was dazu führt, dass Sie vielleicht schneller laufen können, aber, kurz gesagt, *nicht* Ihr volles Potenzial ausschöpfen.

Vor Säbelzahntigern wegzulaufen, sowohl echten als auch imaginären, macht Sie blind für andere Lösungsansätze.
Wenn es um Erfolg geht, zeigen uns wissenschaftliche Untersuchungen, dass – wenn auch IQ, Ausbildung und Erfahrung eine kleine Rolle spielen – es von entscheidender Bedeutung ist, eine Vision zu haben und daran zu glauben, sie zu verwirklichen.
Shawn Achor, der Autor von *Glücklich sein*, sagt, dass ein Großteil unserer Realität nicht von äußeren Fakten, sondern von unseren eigenen inneren Stimmen geschaffen wird. Wenn diese eine ohrenbetäubende Kakofonie aus Sorgen, Befürchtungen und Ängsten anstimmen, fallen Ihre Erfolgschancen drastisch, egal wie groß Ihre Talente sonst sind.
Tatsächlich hilfreich ist es, laut Achor, Frederickson und anderen Glücksforschern, das Gehirn darauf zu polen, dass Erfolg nur eine Frage der Zeit ist.
Sein Gehirn auf die Frequenz der Freude einzustimmen, steigert Ihre Chance auf Erfolg um 75 Prozent.

Der Nachtisch

»Bei der Arbeit und im Leben … sollten wir eigentlich jede Menge Spaß haben und wie junge Hündchen freudig mit dem Schwanz wedeln.«

– David Lynch, Filmemacher

Der Regisseur David Lynch hat in mehr als 42 Jahren nicht ein einziges Mal seine tägliche Meditation ausgelassen. Er sagt, dass seine Transzendentale Meditations-Praxis (TM) das Herzstück von allem ist, was er tut, einschließlich dem tiefen Eintauchen in sein Bewusstsein auf der Suche nach Filmideen, die ihm im Laufe der Jahre mehrere Oscar-, Golden-

Globe- und Emmy-Nominierungen eingebracht haben. Doch noch wichtiger ist für ihn, dass die Meditation den, wie er ihn nennt, »erstickenden Gummianzug der Negativität« aufgelöst hat.

Bevor er zu meditieren begann, schreibt er in seinem Buch *Catching the Big Fish*, »war ich voller Sorgen und Ängste. Ich empfand ein Gefühl von Depression und Wut«. Doch durch das Eintauchen in den Ozean reinen, lebendigen Bewusstseins, der in jedem Menschen schlummert, hat er Frieden, Freude und Glückseligkeit gefunden.

Wie er sagt, hatte er zu Beginn null Interesse an Meditation, und dachte, es sei eine einzige Zeitverschwendung. Doch dann hörte er den Satz »wahres Glück liegt im Inneren«. Diese Worte faszinierten ihn so sehr, dass er sich fragte: *Könnte Meditation der Weg sein, das »Glück im Inneren« zu finden?*

Und genau in dem Moment, als er begann, sich über verschiedene Arten von Meditation zu erkundigen, rief seine Schwester an und sagte ihm, dass sie seit sechs Monaten TM praktizierte. Das war der Startschuss. Im Juli 1973 besuchte er das TM-Center in Los Angeles, traf eine Trainerin, die wie Doris Day aussah, und begann seine Reise ins Glück.

Ich erzähle Ihnen diese Geschichte nicht in der Absicht, Ihnen die Praxis der Transzendentalen Meditation zu verkaufen, sondern weil sie auf perfekte Weise zeigt, wie wir wunderbare Dinge in unser Leben ziehen, sobald wir uns entscheiden, nach ihnen zu suchen und uns auf den Dankbarkeits-Kanal einstimmen.

Wenn wir erst einmal beginnen, uns »wahres Glück« zu wünschen, so wie Lynch es tat, wird uns das Universum dorthin geleiten.

Wie Lynch sagt: »Wenn dein Bewusstsein so groß wie ein Golfball ist, dann wird dein Verständnis für die Dinge, deine

Wahrnehmung und dein inneres Glück auch nicht größer sein als ein Golfball.
Je weiter dein Bewusstsein – deine Wahrnehmung – sich ausdehnt, desto tiefer reicht es hinab zu der Quelle, diesem Ding, das moderne Physiker das *Feld der Einheit* nennen.«

PARTYSPIEL NR. 24

Lasern Sie allem und jedem Liebe

»Die Wahrheit ist, dass wir alle ein einziges, miteinander verbundenes Ding sind.«

– Ellen DeGeneres, Talkmasterin

Heute werden Sie alle Menschen so behandeln, als hätten sie Geburtstag. Senden Sie jedem, den Sie mit Ihren physischen Augen oder vor Ihrem inneren Auge sehen, Moleküle der Liebe. Schätzchen, lassen Sie die Liebe wie einen Laser aus Ihren Augen strahlen!

Das Lasern guter Gedanken ist ein Geschenk, das Sie jedem machen können. Und das nichts kostet. Wir alle sind energetisch miteinander verbunden. Ein glücklicher Mensch kann viele andere Menschen glücklich machen.

#S&F

Zeigen Sie uns, wie Sie einen Fremden mit einem Faustcheck grüßen.

Das Partygeschenk: Im Meer der Möglichkeiten herumplanschen

»Was als Nächstes passiert, liegt an dir.«

– Chris Sacca, Risikofinanzier

»Es ist kompliziert.«
Dies ist einer der größten Tricks des Egos: Sie glauben zu machen, dass glücklich zu sein kompliziert ist; Sie zu überzeugen, dass Glück nichts anderes als eine frivole Zeitverschwendung ist.
In Wahrheit ist das Leben leicht. Es ist nur vollkommen anders, als man es Ihnen eingetrichtert hat.
Leben Sie im Moment. Urteilen Sie nicht. Lieben Sie alles.
Wenn Sie auf der richtigen Frequenz sind, ist Ihr Leben ein reines Vergnügen, ein herrliches Spiel. Es gibt kein Erzwingen. Es gibt kein Richtig oder Falsch. Sie planschen einfach nur im weiten Meer der Möglichkeiten. Je mehr kindliches Entzücken Sie verspüren, desto sicherer können Sie sein, dass es vom göttlichen Summen kommt.

Der Nachtisch

»Zeit kann eine großartige Sache sein, wenn du den Moment genießt und dich nicht um das ›Davor‹ und ›Danach‹ kümmerst.«

– Amy Poehler, Schauspielerin und Komikerin

Sobald wir die Boxhandschuhe an die Wand hängen, entdecken wir, dass das Leben immer schon auf unserer Seite gewesen ist, uns angefeuert, unterstützt, ermutigt hat.

Michael Singer – dessen monumentales Buch *Die unbändige Seele* uns gelehrt hat, unsere gewohnten Denkmuster kritisch zu hinterfragen und Abstand von unseren inneren Stimmen zu nehmen – ist der perfekte Beweis dafür, dass das Leben sehr wohl ein Ponyhof sein kann.

Sobald er anfing, die Stimmen in seinem Kopf zum Schweigen zu bringen – die Stimmen, auf die wir alle hören und mit denen wir uns identifizieren –, überraschte ihn das Leben mit einem Geschenk nach dem anderen, Dinge und Situationen, die er weder vorhergesehen noch jemals für möglich gehalten hatte.

Als er noch Student im Aufbaustudium war, schrieb er einmal eine 30 Seiten lange Arbeit über Ökonomie auf Doktoranden-Niveau, ohne dafür gelernt zu haben, ohne in der Bibliothek Bücher zu wälzen, ohne sich in irgendeiner Form abzumühen. Es handelte sich dabei um eine wichtige Abschlussarbeit, die alle anderen Doktoranden schier zur Verzweiflung brachte.

Danach hatte Singer die Lust verloren, Wirtschafts-Professor zu werden. Er verspürte nicht mehr die geringste Lust, stundenlang in der Bibliothek zu sitzen, nachzuforschen, über Büchern zu brüten. Alles, was ihm am Herzen lag, waren seine tief gehende Praxis der Meditation und die innere Energie, die dabei seine Seele mit Frieden und Freude füllte.

Weil ihm nicht das Geringste an einem guten Abschluss oder einem akademischen Grad lag und ihm egal war, zu promovieren, fing er von jeglichem mentalen und emotionalen Druck befreit einfach zu schreiben an. Er füllte ein Heft nach dem anderen mit einer stringenten logischen Darlegung, die mit einer Voraussetzung begann, Argumente dafür aufführte und mit einer Schlussfolgerung endete.

Nicht nur erhielt er die bestmögliche Note, sondern der Professor, der zuvor seinem selten anwesenden Studenten vorgeschlagen hatte, das Studium aufzugeben, fragte ihn, ob er geneigt wäre, die Dissertation unter seiner Führung zu schreiben.

Situationen wie diese wurden alltäglich. Bei einem anderen wichtigen Examen, für das er nicht lernen wollte, folgte er einfach seiner inneren Führung (wenn Sie erst einmal den ganzen emotionalen Mist loslassen, ist sie nicht zu überhören) und griff dreimal nach demselben Lehrbuch, um jeweils nur eine einzige Seite daraus zu lesen.
Als bei dem Examen genau die drei Themen abgefragt wurden, über die er in dem Lehrbuch gelesen hatte, beschloss Michael, die Sache gut sein zu lassen. Nicht den Doktortitel, aber die Idee, dass das Leben ein Kampf sei.
Davon abgesehen, dass er ein total abgefahrenes Buch geschrieben hat, kaufte Singer 250 Hektar unberührtes Wald- und Wiesengelände, um dort ein spirituelles Zentrum zu errichten, entwickelte ein innovatives Software-Paket und leitete ein Milliarden-Dollar-Unternehmen – all das ohne die geringsten Anstrengungen seinerseits. Alle diese Geschenke befanden sich gleich hinter dem ersten Türchen.

PARTYSPIEL NR. 25

Stecken Sie andere mit Ihrem Lachen an

»Lachen ist wie ein Blitz-Urlaub.«

– Milton Berle, Komiker und Schauspieler

Lachen Sie heute so oft wie möglich.

Wenn nötig, improvisieren Sie. Vor einigen Jahren an meinem Geburtstag gingen meine Tochter und ich ins Kino und sahen uns einen Adam-Sandler-Film an. Wir beschlossen, uns einen Wettstreit zu liefern, um herauszufinden, auf wie viele verschiedene Arten wir lachen konnten. Zum Beispiel gibt es das prustende Lachen. Oder ein ruhiges *Hi-Hi*-Gekicher. Jedes Mal, wenn auf der Leinwand etwas einigermaßen Lustiges passierte, brachen wir in irgendeine Art von Gelächter aus. Es dauerte nicht lange, und wir lachten so ungehemmt drauflos, dass es die anderen Leute ansteckte. Das ganze Kino lachte sich halbtot, und das lag nicht nur an Adam Sandlers Scherzen.

Die Leute denken vielleicht, dass Lachen eine idiotische, banale, sinnlose Sache ist, doch kurierte es zum Beispiel Norman Cousins von schmerzhafter, lebensbedrohlicher Arthritis. Und Carlos Santana behauptet, dass ein gutes, aus dem Bauch kommendes Lachen mehr wert ist als ein Monat Meditation. Wissenschaftler sagen, dass Lachen Stresshormone abbaut, verstärkt entzündungshemmende Antikörper produziert und einen ganzen Arzneischrank von Wohlfühl-Hormonen ausschüttet.

Eine Minute herzhaftes Lachen ist gleichbedeutend mit zehn Minuten Training auf einer Rudermaschine. Es versorgt Ihren Körper mit Sauerstoff, erhöht Pulsschlag und Herzfrequenz, und verbrennt laut dem Forscher Maciej Buchowski von der Vanderbilt University sogar Kalorien.

Die Online-Datenbank *Web of Science* führt 6447 publizierte Texte über das Gefühl der Angst auf, und nur 175 über das Thema Lachen – ein klares Zeichen dafür, wie unsere Gesellschaft tickt.

#S&F

Wie wär's mit einem Lachen, Leute?

Das Partygeschenk: Erweitern Sie Ihr Bewusstsein

»Da es sehr förderlich für die Gesundheit ist, habe ich beschlossen, glücklich zu sein.«

– Voltaire, Philosoph

Nachdem Dr. Amit Sood, Professor am Mayo Clinic College of Medicine, jahrelang gewissenhaft als Arzt praktiziert hatte, beschlich ihn das Gefühl, dass er bei seinem Ziel, Leiden zu mindern, jämmerlich versagt hatte.

In Indien, wo er während seiner ersten zehn Jahre studierte und als Arzt arbeitete, war es leicht, Leiden zu stoppen. Dort behandelte er ernste Erkrankungen und chronische Probleme wie Mangelernährung. In der Mayo Clinic sah er genauso viel Leid, aber ganz anderer Art.

»Es ergab keinerlei Sinn für mich«, sagte er. »Das Leid auf emotionaler Ebene ist hier völlig außer Kontrolle.«

Also kehrte er der Inneren Medizin den Rücken und wandte sich dem zu, was er »den Geist der Menschen für ein besseres Leben trainieren« bezeichnet.

Sood behauptet, dass die von ihm behandelten Patienten (und das Gleiche gilt für 99,9 Prozent von uns in der westlichen Welt)

mehr als die Hälfte ihrer geistigen Energie darauf verwenden, von einem Gedanken zum nächsten zu springen, ohne eine richtige Absicht zu fassen. Das, sagt er, führt zu unnötigem Leid. Anstatt nun Medikamente zu verschreiben, trainiert er Patienten, bewusster zu leben und besser darauf zu achten, worauf sie ihre Aufmerksamkeit lenken.
Manche mögen diese einfache »Medizin« zur Neustrukturierung neuraler Veranlagungen als sinnlos abtun … Wenn da nicht eine Sache wäre: Sie funktioniert wirklich. Dankbar zu sein für alle Segnungen, die kleinen wie die großen, ist eine hochwirksame Methode, um unsere Gehirne aus dem alten Trott ihrer Denkweise zu befreien.
Wie Sood es ausdrückt: »Wenn ich mich auf meine Segnungen fokussiere, komme ich in meiner Mitte an. Ich bin dann bereit zu geben und besser in der Lage, den Widrigkeiten des Lebens zu begegnen.«

Der Nachtisch

»Verweile bei den Klängen, die dich dankbar machen, am Leben zu sein.«

– Hafiz, persischer Dichter

Die meisten von uns passen besser auf ihr Auto auf als auf ihre Gedanken. Emotionen kommen und gehen – bis wir beschließen, ihnen zu Ehren Schreine zu errichten.
Im Jahre 2007 fühlte John Kralik, ein Rechtsanwalt aus Kalifornien, dass sein Leben total den Bach runterging. Er hatte zwei Scheidungen durchlitten; seine Anwaltskanzlei verschlang mehr Geld, als sie einbrachte; und er schämte sich so sehr vor seiner siebenjährigen Tochter wegen seiner zugemüllten Wohnung, dass er sie nicht zu sich nach Hause einlud.

Am Neujahrsabend, als er im Wald spazieren ging und sich wie ein totaler Versager fühlte, hörte er eine Stimme – eine laute, klare Stimme, die sagte: »Solange du nicht lernst, dankbar zu sein für die Dinge, die du hast, wirst du nicht die Dinge bekommen, die du dir wünschst.«

Er hatte keine Ahnung, wer da zu ihm sprach. Wurde er vollkommen verrückt? Sprach ein Engel zu ihm? Oder vielleicht sein Großvater, der ihm oft auf die Nerven gegangen war mit seiner Aufforderung, Dankesbriefe zu schreiben?

Die Vorstellung, dass es die Stimme seines verstorbenen Großvater sein könnte, schien ihm die beste Alternative zu sein, und da er tatsächlich so gut wie nichts zu verlieren hatte, beschloss er, den Rat seines Opas zu beherzigen. Er machte es sich zur Aufgabe, 2008 mit dem Schreiben von Dankesbriefen zu verbringen.

Sein ältester Sohn, von dem er sich entfremdet hatte, war der Erste auf der Liste. In seinem Brief lud er ihn zum Mittagessen ein, was zu einem wunderbaren, klärenden Gespräch führte, für beide das beste seit Jahren.

Als Nächstes verfasste er ein Dankschreiben an den Barista in der Starbucks-Filiale um die Ecke, der sich immer an seine Bestellung erinnerte, und an seinen Hausverwalter, der einen Klempner geschickt hatte, um die Toilette zu reparieren. Dann schickte er noch Briefe an seine Klienten, Gerichtsschreiber und Darlehensvermittler. Abschließend begann er, Personen zu danken, die ihm in jungen Jahren sehr geholfen hatten – zum Beispiel einem Freund aus dem College, sowie einem Chirurgen, der ihn an der Speiseröhre operiert und geheilt hatte.

Beinahe umgehend kamen zu seiner großen Freude bedeutende und unerwartete Segnungen seines Weges: finanzieller Erfolg, neue Freundschaften, purzelnde Pfunde, innerer Frieden.

Als der Dezember kam, sagt Kralik »hatte sich mein Leben so sehr gebessert, dass ich anfing, mir ein Happy End à la Hollywood auszumalen … Meine Vorstellungen vom Leben hatten sich von einem Moment zum nächsten grundlegend geändert. Wenn mir jetzt schlimme Dinge widerfahren, dann beschäftigen sie mich vielleicht ein wenig, aber sie stürzen mich nicht länger in Verzweiflung … Für alles dankbar zu sein und diese Dankbarkeit in Worte zu fassen, hat mein Leben völlig umgekrempelt, bis heute.«

PARTYSPIEL NR. 26

Grippeschutz gegen Angst

»Die spirituelle Sicht der Dinge – selbst in der unscheinbaren Form von abendlichen Dankbarkeitslisten und einem Rückblick auf die Ereignisse des Tages – beginnt die Geschichte meines Lebens neu zu schreiben. Ich fühle mich wie jemand, der dem Feuer entrissen wurde, errettet, in Sicherheit gebracht.«

– Mary Karr, Autorin von *Der Club der Lügner*

Holen Sie sich Ihre Impfung gegen Angst.

Genau wie ein Grippevirus, sind auch Angst und Negativität überall und suchen nach Möglichkeiten, Sie zu überrumpeln. Wenn der Virus nicht umgehend behandelt wird, kann er sich immer weiter von einer Person zur anderen ausbreiten. Werden Sie nicht zum Überträger.

In diesem Spiel schwören Sie sich für die nächsten 24 Stunden auf das Motto ein: »Alles ist gut«.

Das Rezept zur Behandlung von Angst ist Dankbarkeit. Sagen Sie »Danke« für alles. Und schnell werden Sie feststellen, dass Angst und Negativität keinen Platz neben Wertschätzung und Zufriedenheit haben werden. Wenn Sie immer und immer wieder »Danke« sagen, wird die Angst ausgerottet.

#S&F

Zeigen Sie sich mit jemandem, den Sie lieben.

Das Partygeschenk: Laut nach Luft ringen

»Glücklich sein … ist der Heilige Gral.«

– Sonya Lyubomirsky, Psychologie-Professorin und Glücksforscherin

Das göttliche Summen ist die stärkste Frequenz auf unserem Planeten.

Sie sind entweder auf Empfang und überlassen alles Weitere dem Universum, oder Sie sind es nicht, und das Universum kann nichts für Sie tun. Und wenn Sie sich fragen, ob Sie nun auf Empfang sind oder nicht, kann ich Ihnen ehrlicherweise nur sagen: »Sorry, Sie werden es schon merken, wenn Sie es sind.«

Sie werden es merken, weil Sie sich richtig gut fühlen, aufgeregt, begeistert, bereit zu allem. Alles in Ihrem Leben wendet sich automatisch zum Guten. Sie führen faszinierende Gespräche. Ihnen fällt auf, dass Menschen gut zueinander sind. Ihr Körper fühlt sich beweglicher an. Auf der Autobahn fädeln Sie problemlos in die andere Fahrspur ein. Sie wissen genau, wie Sie mit Herausforderungen umgehen müssen. Sie müssen sich nicht im Voraus schon darauf vorbereiten. Sie vertrauen darauf, dass alles, was nötig ist (eine Reaktion, eine Handlung, ein Wort) zur richtigen Zeit da sein wird.

Dieser Zustand wird auch als »im Flow« oder »im Moment sein« bezeichnet. Dieser Moment, in dem wir *sein* können, ist immer verfügbar. Ich kann es nicht oft genug sagen: Sie müssen nicht daran arbeiten. Oder ihn herbeilocken. Oder gut genug sein, um ihn zu verdienen. Sie müssen einfach nur aufhören, an seiner Existenz zu zweifeln.

Der Frequenz, die in der Regel Gott genannt wird, ist es schnuppe, wie viele Gebete Sie aufsagen, welcher Religion Sie beitreten oder wie lange Sie täglich meditieren.

Tatsächlich mag ich schon allein das Wort *Gott* nicht benutzen, das aus meiner Sicht mit mehr Ballast überladen ist als der Frachtraum einer Boeing 747. Ich habe einen Begriff aus der Physik ausgeliehen und ihn das *Feld des Potenzials* genannt – kurz: FP. Außerdem bezeichne ich es gerne als göttliches Summen oder das Universum. Ich finde es gut, das ganze Thema ein bisschen aufzumischen, um es frisch und lebendig zu halten. Gott kann nicht in eine Schublade gepresst werden. Gott ist eine Frequenz, ein Signal, die Ur-Energie des Lebens, und sie ist immer auf Sendung. Sie ist immer präsent, immer hier, um mit uns zu interagieren, uns zu führen, uns zu segnen.
Unsere einzige Aufgabe besteht darin, eine bessere Empfangsstation zu werden – und, hoffentlich, das Signal auf die Pessimisten um uns herum zu übertragen.

Der Nachtisch

»Wir lebten in diesem Netz aus Magie, verbunden durch die silbernen Fäden von Möglichkeit und Gegebenheit.«

– Robert McCammon, Autor von *Boy's Life*

Als Carlos Santana 15 Jahre alt war, zog seine Familie von Baja California nach San Francisco um. Ihm gefiel die Idee gar nicht, vor allem weil er bereits seinen eigenen Lebensunterhalt verdiente, indem er in Striplokalen und Clubs in Downtown Tijuana spielte. Nach einem Riesenstreit mit seiner Mutter verkündete er, dass er nach Mexiko zurückgehen würde. Er hatte vor, mit Freunden seines Vaters zu trampen.
Zurück in Tijuana, ging er als Erstes zur großen Kathedrale *Nuestra Señora de Guadalupe* im Zentrum der Stadt. Er kniete am Altar nieder und sagte zur Jungfrau: »Ich möchte,

dass du meine Familie schützt, wo immer sie ist. Und hilf mir, heute Abend einen Job klarzumachen. Das ist alles, worum ich bitte.«
Er machte sich direkt von der Kathedrale zu El Convoy auf, dem Club, wo er früher gespielt hatte. Der Manager kam mit großen Augen auf ihn zu, als hätte er einen Geist gesehen: »Es tut mir leid. Du kannst hier nicht rein. Deine Mom hat gesagt, dass sie dich mit nach Amerika nimmt. Und weil du noch minderjährig bist, können wir dich hier nicht ohne die Erlaubnis deiner Eltern auftreten lassen.«
Carlos griff in seine Jackentasche und holte einen handgeschriebenen Brief seiner Mutter hervor, den er dem Manager reichte. Ein Brief, von dessen Existenz er nichts gewusst hatte, ein Brief, der genau in dem Moment wie durch einen Zauber erschienen war, als er ihn brauchte!
Seine Mutter schwor bis zu ihrem letzten Atemzug, dass sie den Brief nicht geschrieben hatte. Sie wurde jedes Mal wütend, wenn Carlos darauf zu sprechen kam.
Wie kam der Brief in seine Tasche? Carlos hat bis heute keine Ahnung.
Wie dem auch sei, der Manager zuckte mit den Achseln, zeigte mit der Hand auf die Bühne und sagte: »Also gut, leg los. Und schön, dass du wieder da bist.«

PARTYSPIEL NR. 27

Das Jimmy-Fallon-Spiel

»Mein Leben ist eine Party, zu der ich jeden, den ich kenne, herzlich einlade!«

– Louise Hay, Autorin und Gründerin des Hay-House-Verlages

Begegnen Sie dem heutigen Tag mit der jungenhaften Begeisterung und kindlichen Faszination eines Jimmy Fallon.

Mit anderen Worten, betrachten Sie Ihr ganzes Leben als einen riesengroßen Spaß. Schmieren Sie jedem, dem Sie heute begegnen, Honig ums Maul – so wie es Fallon bei den Promis in seiner Show macht. Sie werden merken, dass Ihre Gespräche entspannt, locker und zwanglos sein werden. Und wenn Sie schon mal dabei sind: Kichern Sie wie ein Teenager; stellen Sie jede Menge Unfug an; und fordern Sie Freunde zu kleinen Tanzwettbewerben, Lip-Sync-Schlachten oder inszenierten Familiendramen auf.

Wenn Sie nicht davon überzeugt sind, dass es eine gute Idee ist den Tag mit gnadenlosen, amüsanten Blödeleien zu verbringen, lesen Sie bei den griechischen Philosophen nach. Die Jungs wussten sehr genau, dass Staunen und Verwunderung das Tor zur Weisheit sind, der Zugang zu dem Bewusstsein, das alle Dinge mit Leben erfüllt.

#S&F

Zeigen Sie uns Ihr »Nachher«-Bild, denn wen interessiert schon das »Vorher«?

Das Partygeschenk: Konventionelle Medizin ergänzen

*»Dankbarkeit ist wie ein Magnet:
Je dankbarer du bist, desto mehr wirst du empfangen,
wofür du dankbar sein kannst.«*

– IYANLA VANZANT, Rechtsanwältin und spirituelle
Lehrerin des neuen Denkens

Wenn Sie keine persönlichen Zeichen und Segnungen vom Universum erhalten, dann passen Sie nicht gut genug auf. Oder… Sie sind überzeugt (und machen es damit zur Realität), dass die Interaktion mit einer höheren Macht äußerst unwahrscheinlich bis unmöglich ist. Vielleicht denken Sie, dass das ausschließlich eine Sache für delirierende Penner ist, die ständig vor sich hin nuscheln.

Dann gehöre ich da wohl auch dazu. Auch wenn ich die Universität absolviert habe und mich selbst als einen intelligenten, rationalen Menschen betrachte, finde ich es total okay, mit den delirierenden Pennern in einen Topf geworfen zu werden. Tatsächlich ist es mein liebstes Hobby, persönliche Zeichen und Segnungen vom »Dude« zu bekommen, wie ich das Größere Ding in *E²* nenne, und meinen Freunden zuzuhören, wenn sie von ihren Zeichen und Segnungen erzählen. Wie ich oft sage, das ist die einzige Konversation, die wirklich wichtig ist. Alles andere ist zu vernachlässigen.

Um meine Vorliebe für Magie und Wunder zu befriedigen, bin ich Mitglied einer »Potenzial-Gang«, wie ich sie nenne (eine davon habe ich in Partyspiel Nr. 6 erwähnt). Diese Gruppen treffen sich einige Male im Monat, um über die unendlichen Möglichkeiten, Quantenphysik und die wundersame Welt zu reden, für die wir uns entschieden haben.

Lassen Sie mich diese Worte noch einmal wiederholen: *Wir haben uns dafür entschieden*, Magie zu suchen und sie wahrzunehmen. Das ist unsere zentrale Absicht, unsere einzige Aufgabe in der Gang. Wir sind eine Selbsthilfegruppe, könnte man sagen, die es sich zur Aufgabe gestellt hat, gegen die allgemein vorherrschende beschränkte Sicht der Dinge anzukämpfen.

Manche von uns gehen sogar so weit, mit Engeln zu reden und ihren Rat über jenen der Kolumnisten in den Zeitungen zu stellen, die Angst und Panik in uns auslösen wollen.

Hier ist eine typische Geschichte, erzählt von Bettie, meiner Kumpanin aus der Potenzial-Gang:

Nachdem sie schon monatelang an großen Schmerzen in ihrem rechten Bizeps litt, beschloss Bettie, zum Arzt zu gehen. Vier verschiedene Ärzte, die alle jede Menge Tests machten, stellten die folgende (Nicht-)Diagnose: »Offensichtlich ist der Muskel entzündet und schmerzt, aber die Tests zeigen uns absolut gar nichts.«

Es ergab keinen Sinn.

Als Bettie etwas entmutigt die Praxis von Arzt Nr. 4 verließ, sah sie einen Penny auf dem Boden liegen. Wann immer sie eine Münze findet, betrachtet sie dies als ein Zwinkern ihrer Engel. Sie schaute nach oben, sagte »Danke«, hob den Penny auf und steckte ihn in ihre Hosentasche.

Am nächsten Morgen sah ihr Partner sie an und war erschrocken.

»Was zum Teufel …? Da ist irgendwas echt Seltsames hinten an deinem Nacken.«

Bei näherer Untersuchung stellten sie fest, dass die unheimliche Stelle in Wahrheit der Penny war, den Bettie am Tag zuvor in ihre Hosentasche gesteckt hatte und der jetzt an ihrem Nacken klebte. Irgendwann im Laufe der Nacht hatte sich der »Engel-Penny« buchstäblich an ihrer Haut über dem sechsten Rückenwirbel festgemacht. Als Bettie das nächste Mal zum Arzt ging und ihn bat, ihren sechsten Rückenwirbel zu untersuchen, fand er einen Knochensporn, der – da können Sie jeden Chiropraktiker fragen – die Handgelenk-Extensoren kontrolliert und für die nervliche Versorgung des Bizeps verantwortlich ist. Als der Sporn beseitigt war, waren auch die Schmerzen weg.

Der Nachtisch

»Ein Geheimnis des Lebens besteht darin,
so laut wie möglich im Auto Musik zu hören,
bei offenem Fenster.«

– Leslie Butsch, Sozialarbeiterin
in Lawrence, Kansas

Ein anderes »Gang-Mitglied«, Robbin, ist die Sponsorin einer Jugendgruppe der Unity Church. Bei der Vorbereitung für eine regionale Konferenz war sie so viel mit dem Auto unterwegs, dass sie anfing zu hinken. Ihre Füße, wie man sagt, »brachten sie um«.

Flüchtige Behandlungen durch eine Krankenschwester und einen Energieheiler brachten keine Erleichterung. Robbin hinkte weiterhin in der Gegend herum.

Am ersten Abend der Konferenz begannen die begeisterten Oberschüler zu tanzen. Robbin, die voller Entzücken vom Rand aus zusah, konnte nicht länger widerstehen. Sie stürzte sich mitten in die Menge und tanzte wie eine Wilde.

Plötzlich merkte sie: *Mein Fuß tut nicht mehr weh. Ich bin geheilt*!

Die Moral dieser Geschichte: So lange wir nach Heilung suchen (was den Glauben voraussetzt, dass Heilung nötig ist), stecken wir unsere Energie in das Problem. Doch sobald wir unsere Energie von dem vermeintlichen Problem abziehen, verschwindet es von selbst.

Himmlische Verspieltheit

»Setze einen Teil deiner Energien dafür ein, die Welt jede Woche ein bisschen besser zu machen.«

– Shonda Rimes, Erfinderin von *Grey's Anatomy* und vielen anderen TV-Serien

Welchen köstlichen Unfug können Sie an diesem schönen und glorreichen Tag anstellen?

Schmuggeln Sie ein Stück Seife in ein Restaurant oder eine Bar und schreiben Sie damit ermutigende Kommentare auf die Spiegel in der Toilette. Sprüche wie: »Du bist wunderschön«, »Vergiss nie, dass du geliebt wirst«, »Es ist ein Segen, dass es dich gibt«. Singen Sie Weihnachtslieder im Juli. Ob Sie »Leise rieselt der Schnee« singen oder nicht, ist allein Ihre Sache.

Drucken Sie Visitenkarten, auf denen steht: »Du hast mich heute erheitert und inspiriert. Danke.« Verteilen Sie sie großzügig.

Peppen Sie öffentliche schwarze Bretter auf. Meine Freundin Annola hat mal ein Poster gemacht, auf dem stand: NIMM DIR WAS DU WILLST. Auf jeden Streifen unter der Anzeige, wo man normalerweise die Telefonnummer findet, schrieb sie die Worte *Frieden, Liebe, Zufriedenheit, Glück*. Sie erklärte strahlend, dass mittags schon alle Streifen abgerissen waren.

Machen Sie Selfies mit Ihren Nachbarn. Ich weiß. Sie haben mit der Nachbarin zur Linken nicht mehr gesprochen, seit ihr Hund sich in dem Haufen getrockneter Blätter mit seinem eigenen Haufen verewigt hat. Doch Ihre Nachbarn sind Ihre engsten Verbündeten im Spiel des Lebens. Lernen Sie sie kennen.

Und wenn Sie schon mal dabei sind, machen Sie Selfies mit so vielen Fremden wie möglich. Fragen Sie sie »Was tun Sie am liebsten?« und »Welche Vision haben Sie für diese Welt?«

Schmeißen Sie eine Party, bei der jeder ein Anschauungsobjekt mitbringt. Warum ist das keine völlig normale Sache? Jede Woche oder so sollten wir uns mit unserer Familie und Freunden zusammentun und ihnen etwas zeigen, was wir wirklich mögen, etwas Einzigartiges über uns. Bringen Sie zum Beispiel eine Kritzelei mit, die Sie auf die Rückseite eines Kassenzettels gemalt haben, als Sie im Stau gestanden sind oder telefoniert haben. Auch Erwachsene denken sich noch Sachen aus. Wir erzählen es nur keinem. Wir glauben, dass es nicht wichtig ist, im Gegensatz zum Rasen, der gemäht werden muss.

Bringen Sie jeden in der U-Bahn oder im Bus dazu, »Over the Rainbow« zu singen. Zur Inspiration schauen Sie sich mal Peter Sharp an, ein toller Aussie, der sich selbst als Sozialkünstler und Weltfriedensstifter bezeichnet (www.petersharp.com.au). Seine YouTube-Videos sind besser als jedes Antidepressivum. Sharp hat in Barcelona, Perth und London, um nur einige Orte zu nennen, öffentliche Glücks-Experimente durchgeführt (die er »Schockwellen der Inspiration« nennt). Er sagt, wenn sich die Welt verändern soll, müssen ganz normale Menschen damit anfangen, denen das verdammt noch mal am Herzen liegt.

Ziehen Sie ein lustiges Kostüm an. Gehen Sie mit einem riesigen Stofftier spazieren. Tun Sie irgendwas, damit die Leute mit dem Finger auf Sie zeigen und lächeln.

Organisieren Sie ein Dankbarkeits-Treffen.

Veranstalten Sie eine öffentliche Tanzparty. Vor Kurzem habe ich eine Geschichte für das *People*-Magazin geschrieben über Gary Logan, einen stellvertretenden Schulleiter in Conway, Arkansas, der jeden Freitag Grundschülern den Cha Cha Cha beibringt. Der gesellige Logan begrüßt jeden Schüler mit einem Song und einem Tanz. Die Kinder können es kaum erwarten, in die Schule zu gehen; sie nerven ihre Eltern: »Nun komm' schon, mach schon, wir wollen los.« Logan, der behauptet, nie einen schlechten Tag zu haben, erscheint jeden Morgen um Viertel nach sieben zur Arbeit und führt seine Schützlinge in Tanzlinie an. »Wir haben gemerkt, dass die Kinder, wenn sie erst einmal ihren Bewegungsdrang und ihr Kichern ausgelebt haben, sich viel besser auf den Unterricht einlassen.«

Ihr abschließender *Sei dankbar und werde reich*-Einkommensbericht

Also, meine Freunde, wie fanden Sie es? Lassen Sie uns noch einmal einen Blick auf Ihr *Sei dankbar und werde reich*-Portfolio werfen. Indem wir auch jetzt wieder die Kriterien anwenden, die in Kapitel 5 aufgelistet sind, wollen wir Ihre Leistung auf einer Skala von 1 bis 10 festhalten.

Heutiges Datum:____________________

LIEBE

80.9 + 5-6 (6.92%)

ANLAGENRENDITE

Alchemistisches Kapital:	1	2	3	4	5	6	7	8	9	10
Spirituelles Kapital:	1	2	3	4	5	6	7	8	9	10
Kreatives Kapital:	1	2	3	4	5	6	7	8	9	10
Soziales Kapital:	1	2	3	4	5	6	7	8	9	10
Abenteuer-Kapital:	1	2	3	4	5	6	7	8	9	10

Kapitalerträge

(auch bekannt als: Kostenlose Geschenke)

Persönliches Totem oder Symbol: ________________

Gaben aus der Welt der Natur:____________________

Botschaften von der anderen Seite: ________________

Zerschmetterte »unumstößliche Tatsachen«: __________

Nachwort

»Wir sind nicht von weit her gekommen
und haben all diesen riesigen Aufwand betrieben,
nur um die Party zu verpassen.«

- ELIZABETH GILBERT, Autorin von *Big Magic*

Wenn Sie es bis hierher geschafft haben, können wir es auch gleich offiziell machen: Sie sind jetzt ein echtes Mitglied der Wahrheits- und Fröhlichkeits-Liga.
Bitte heben Sie die Hand und erklären Sie:

Hiermit bestätige ich, dass ich auf dem Planeten Erde bin, um Liebe zu verbreiten, dass ich mich hier in dieser einzigartigen Zeit-Raum-Konstellation befinde, um das Wahre, Schöne, Gute zu schaffen. Und ich verpflichte mich, diese heilige Wahrheit von diesem Moment an zu leben.

Jetzt wo wir das erledigt haben, ist es an der Zeit, die alte »Was soll das alles?«-Nummer ad acta zu legen, die Sie (und die meisten von uns) die letzten 30, 40 Jahre gespielt haben.
Sie sind hier, um das Universum zu bereichern. Nichts einfacher als das.
Dazu brauche ich Ihnen keine geheimen Codes übermitteln, die Partyspiele in diesem Buch sind alles, was Sie brauchen. Sie alle sind darauf angelegt, Ihre Schwingung zu erhöhen, Ihnen zu helfen, Ihre alte Denkweise hinter sich zu lassen. Die Partyspiele müssen nicht exklusiv im Rahmen des hier beschriebenen

30-Tage-Experiments gespielt werden. Jedes Mal, wenn Sie merken, dass Ihre Frequenz ins Schwanken gerät, gehen Sie zu Teil III dieses Buchs, schlagen willkürlich eine Seite auf, nehmen einen tiefen Atemzug und erklären: »Los geht's, Baby!«

Wenn Sie die Sardinendose alter Vorstellungen hinter sich lassen, dann gibt es ein paar – nennen wir sie einfach »Gewohnheiten« – die Sie gleich mit ablegen können, so wie Clark Kent seine Brille.

Diese alten Gewohnheiten zurückzulassen wird Ihre aufregende Reise in die Zukunft wesentlich leichter machen.

1. **Schluss mit der Sucherei!** Sie brauchen kein weiteres Buch, kein weiteres Seminar, keine weitere Methode. *Sie wissen bereits alles!* Es ist in Ihre DNA einprogrammiert. Lassen Sie den ganzen Lebenshilfe-Mist hinter sich. Er hält Sie nur davon ab, Ihre wahre innere Kraft zu entdecken und anzunehmen. Damit will ich nicht auf irgendjemanden mit dem Finger zeigen – ich selbst bin in dieselbe Falle getappt. Ich habe meinen Teil zum finanziellen Wohlstand zahlloser Lebenshilfe-Autor(inn)en beigetragen. Doch diese Tage sind so was von vorbei! Nun ist es an der Zeit, unter dem Berg an Selbstfindungs-Büchern hervorzukriechen, in den Sie sich vergraben haben, und sich zu erheben, um als weiser, liebevoller Schöpfer über Ihr eigenes Königreich zu herrschen.

2. **Ernst war gestern.** Das Universum zu bereichern, ist ein Spiel. Ein richtig geiles Spiel. Manche gehen gar so weit zu sagen, dass es ein echter Überschall-Knaller ist. Gehen Sie Ihre neue Rolle voll Spaß in den Backen an, das ist der einzig wahre Weg. Genug mit all diesen sieben und mehr Schritten zur Erleuchtung. Fort mit allen schweren Auflagen und Voraussetzungen. Wie oben erwähnt: *Sie wissen bereits alles!* Bitte stündlich wiederholen.

3. **Den wandelnden Schlafmitteln mitten ins Gesicht lachen.** Die wahrscheinlich hinterhältigste schlechte Angewohnheit, der wir alle schon auf den Leim gegangen sind, besteht darin, dass wir unsere Superkräfte benutzen, um Angst zu erzeugen. Unsere Glaubenssätze und Erwartungen sind die Knetmasse, aus der die Welt geformt ist, die wir sehen. Doch anstatt diese Knetmasse zu nehmen und neue und erstaunliche Möglichkeiten zu erträumen, basteln wir daraus Atombomben, die mit einem einzigen wahrhaft irrsinnigen Knall alles Leben auf der Welt auslöschen können. Anstatt sie zu benutzen, um uns neue Dinge auszudenken und eine Welt zu erschaffen, in der wir alle gut miteinander leben können, wiederholen wir den gleichen alten Schwachsinn, den wir seit Generationen gehört haben. Der Tag wird kommen, wenn wir zurückblicken und über das Ausmaß lachen, in dem wir unsere Macht missbraucht haben. Wir werden Geschichtsbücher lesen, die über unsere beschränkten Glaubenssätze berichten, und uns fragen: *Wirklich? Wollt ihr mich auf den Arm nehmen? Warum würde jemand die Entscheidung treffen zu leiden, wenn er doch die Macht hat, eine schöne, mitreißende, total coole Realität zu schaffen?*

4. Lassen Sie die Zügel locker und erkennen Sie, dass Sie nicht das Geringste tun müssen. Sie sind nur ein Kanal. Tatsächlich wird das Resultat umso besser sein, je weniger Sie sich einmischen. Dazu ist natürlich Vertrauen nötig, und eine Neuverkabelung Ihres Gehirns.

* * *

Wenn Sie jemand fragt, um was es bei *Sei dankbar und werde reich* geht, erinnern Sie an Folgendes:

- Wir sind zu diesem außergewöhnlichen Zeitpunkt hier auf Erden, um das Universum zu bereichern, nicht um für unsere Hauptrolle in einem Drama mit dem Golden Globe ausgezeichnet zu werden.

- Das normale, alltägliche Leben ist der perfekte Aschram, um Frieden, Erfüllung und die göttliche Frequenz zu finden.

- Der größte Gefallen, den wir unseren Weggefährten auf der Reise des Lebens machen können, besteht darin, das Leben zu genießen und sie wissen zu lassen, dass es eine gute Sache ist, Spaß am Leben zu haben.

Und dann bieten Sie ihnen an, sich am So-und-so-vielten an Dem-und-dem-Ort zu treffen, um jede Woche ein Erntefest des Glücks zu feiern, bei dem Sie zunehmend größere Früchte einfahren. Die verhaltensauffällige Wiederholung von Gestrigem ist dabei NICHT gestattet.

Sich selbst darin zu üben, das Gute in allem zu sehen und alles wertzuschätzen, ist ein ungeheuer radikaler Schritt.

Das ist der Grund, warum es zwingend notwendig ist, dieses hochwirksame Projekt mit anderen anzugehen, die a) sich verpflichtet haben, ihr Bestes zu geben; b) wissen, dass das Einzige, über das zu reden sich lohnt, die Dinge sind, die wirklich funktionieren; und c) wissen, dass wir alle wundervolle Geschöpfe voll herrlicher Ideen sind, um die Welt zu verändern.

Vergessen Sie nicht: Wenn Sie das tun, was Sie glücklich macht, geben Sie damit anderen die Erlaubnis, auch glücklich zu sein.

Oh, und noch eine letzte Sache

Und vergessen Sie nicht, Sie sind eingeladen, bei der Revolution im *Sei dankbar und werde reich*-Gemeindehaus auf Instagram vorbeizuschauen. Auf geht's, Leute!

Instagram.com/thankandgrowrich/
#T&GRtotem
#T&GRnaturalbling
#T&GRmessage
#T&GRshatteredfact

Anstatt ihre Namen auf meinen Körper tätowieren zu lassen:

Danksagung

»Möge Frieden Ihr Auslassungszeichen sein
und Freude Ihr Ausrufezeichen.«

– CHRISTINE SMITH, eine meiner dienstagabendlichen *Scrabble-Gefährtinnen*

Wie Sie sich vorstellen können, gibt es bei einem Buch über Dankbarkeit jede Menge Leute, denen Dank gebührt. Ich hatte kurz an einen Begleitband gedacht, nur damit ich den Namen jeder einzelnen Person auflisten kann, der ich jetzt einen doppelten Macchiato schulde.

Doch, wie mein College-Professor mich lehrte: »Mach es kurz, knapp und auf den Punkt. Wenn du das nicht hinkriegst, sorge wenigstens dafür, dass es auf eine Seite passt.«

Daher ...

Ich möchte damit beginnen, all die fröhlichen, abgefahrenen Cafés in Lawrence, Kansas, hochleben zu lassen, in denen ich die meisten Partyspiele aufgeschrieben habe. Wie ich einst Robert Holden sagen hörte: »Koffein ist die Transportform, mit welcher der Heilige Geist auf Reisen geht.«

Ich ziehe den Hut vor Cheryl Miller. Sie hat mich während verschiedener Stadien beim Schreiben dieses Buches in ihrem Fairchild Wellness Center in Overbrook, Kansas, gefüttert und mit Brennstoff versorgt.

Was spirituelle Nahrung betrifft, gilt mein Dank den wunderbaren Worten von Hafiz und Rumi sowie von Charles Eisenstein, Ethan Hughes, Tom Shadyac und Nipun Mehta, die bereits dabei sind, die Ökonomie des Schenkens zu entwickeln, die ich so wunderbar finde.

Wie immer verdanke ich ganz viel meiner Potenzial-Gang, deren Mitglieder einen großen Teil dieser Seiten auf dem (guten) Gewissen haben. Ich wünsche jedem Einzelnen von euch jede Menge toller Requisiten:

Rhonda Burgess, Jay Pryor, Annola Charity, Linda Gwaltney, Carla Mumma, Elizabeth Stiers, Diane Silver, Robbin Loomas, Cheryl Miller, Melanie Black Loyd, Frank Schwaller, Jan Spiegel, Kris Hicks, Pat Weaver, Ronn Gifford, Kitty Tootles, Nikki Wright, Jennie Washburn, K.C. Bushnell, Bettie Wilson, Cindy McCracken, Joyce Barrett, M.K. Mueller, Bonita Yoder und sogar Buddy F*#-ing Biancalana, der berühmte World Series Baseballspieler, der eines Sonntags aufkreuzte und bewies, dass manche Manifestationen länger brauchen als andere.

Großen Dank hat wie immer mein Heimteam verdient, ohne das ich nicht in der Lage wäre zu funktionieren: Jim Dick, der ganze Sheridan-Clan und wie immer meine wunderbare Tochter, Tasman McKay Grout, die mich mehr als alles andere lehrt, demütig zu sein.

Ich grüße das ganze Hay-House-Team, insbesondere Alex Freemon, der meine Starrköpfigkeiten toleriert; Melissa Brinkerhoff, die großzügig meine Bücher verteilt, an Insassen von Hochsicherheitsgefängnissen in Nashville bis zu staunenden Teenagern in Südafrika; Christy Salinas, Lisa Cheng und Patty Gift.

Zu guter Letzt posaune ich meinen Dank hinaus an meine wachsende Gang von Vollmond-Tänzern, die sich gemeinsam oder für sich alleine einfinden, wo immer sie gerade sind, um voll Freude unter dem Vollmond zu Ehren dieses wilden und geheimnisvollen Planeten zu tanzen, den wir alle gemeinsam bewohnen.